JOSÉ REVELES

Échale la culpa a la heroína

José Reveles (Ciudad de México, 1944) es un periodista con más de cuarenta años de experiencia. Ha colaborado con el diario *El Financiero*, el semanario *Proceso* y la agencia italiana de noticias ANSA. En 2001 fue acreedor al Premio Nacional de Periodismo de México. Sus investigaciones han versado, entre otros temas, sobre los derechos humanos, los abusos de poder, la represión a movimientos sociales y la conversión de México en un estado militarizado. *Una cárcel mexicana en Buenos Aires, Las historias más negras, El cártel incómodo, Levantones, narcofosas y falsos positivos* y *El Chapo: entrega y traición* son algunos de sus libros.

Échale la culpa a la heroína

JOSÉ REVELES

Échale la culpa a la heroína

De Iguala a Chicago

VINTAGE ESPAÑOL
Una división de Penguin Random House LLC
Nueva York

Índice

El infierno de Iguala

El gobierno mexicano ha sido incapaz, en más de un año, de hallar y ofrecer una explicación mínimamente lógica, aunque jamás será razonable, sobre la desaparición forzada de 43 estudiantes de la Normal Rural Isidro Burgos de Ayotzinapa ocurrida la noche del 26 al 27 de septiembre de 2014 en Iguala, Guerrero.

Tampoco ha desentrañado el verdadero móvil de al menos seis balaceras y otros tres ataques consecutivos y unilaterales en esa ciudad —emboscadas contra los estudiantes— que provocaron la muerte violenta de tres normalistas: Julio César Mondragón Fontes, cuyo rostro le fue arrancado cruelmente por sus captores, policías y sicarios, Daniel Solís Gallardo y Julio César Ramírez Nava; el futbolista de tan sólo 15 años David Josué García Evangelista; el chofer Víctor Manuel Lugo Ortiz que conducía un autobús en el que regresaban a Chilpancingo los integrantes del equipo Los Avispones, además de la señora Blanca Montiel Sánchez, quien viajaba en un taxi.

Tuve acceso a miles de páginas del expediente sobre la masacre de Iguala. Allí pude escudriñar los pormenores de la tragedia tal como se asentaron en archivos que ya rebasan los 115 tomos.

En este libro se ofrece la información central con datos duros de lo que ocurrió esa noche negra en Iguala, pero también los resortes asesinos que se desataron a partir de la versión de que había un autobús cargado con droga que iba entre los tres que tomaron los normalistas.

Se describe también, sustentado en confesiones de policías encarcelados, el *modus operandi* en retenes carreteros para permitir el tráfico de todo tipo de drogas en la región, e inclusive se aportan pormenores acerca de por dónde y a qué hora pasó un cargamento de goma de opio o heroína la tarde del 26 de septiembre de 2014, en las inmediaciones de Ahuehuepan, hacia Iguala, cinco horas antes de la violencia irrefrenable perpetrada contra los normalistas.

De este trasiego, desviado circunstancialmente, nació el "párenlos a como dé lugar", orden que dio el alcalde José Luis Abarca y transmitió su director de Seguridad Pública, Francisco Salgado Valladares, y que luego obedecieron ciegamente criminales y policías (en Iguala eran lo mismo, finalmente). Ésa fue la señal de arranque para que autoridades corruptas y sicarios emplearan una saña excesiva.

Aquí se exhiben datos precisos que desnudan los móviles criminales de los que las autoridades mexicanas ni siquiera hablan, porque ello implicaría develar la convivencia y la connivencia entre gobiernos y crimen organizado.

Esta complicidad era resumida así, 11 meses después de la infamia, en el XXI Informe "Desde las trincheras de Ayotzinapa", del Centro de Derechos Humanos de La Montaña Tlachinollan en su página 61:

La agresión a los jóvenes normalistas, cometida por cuerpos policiacos al servicio y en complicidad con grupos criminales, así como la participación de distintos organismos de seguridad del Estado, incluidos destacamentos militares, evidenció en forma trágica e irracional la barbarie, violencia y descomposición generalizada en las que se encuentra sumido el país, ratificando la degradación del sistema político, sus distintos órdenes de gobierno y los partidos políticos, la mayoría de ellos coludidos con bandas criminales de narcotraficantes.

Por su parte, familiares de los 43 estudiantes desaparecidos y normalistas sobrevivientes presentaron un "contrainforme" el 1° de septiembre de 2015 en el que describían cómo ocurren "ejecuciones extrajudiciales, persecuciones y encarcelamientos de líderes sociales, así como desapariciones forzadas". En ese contexto de terror, "el ataque contra estudiantes de la Normal Rural Isidro Burgos de Ayotzinapa constituye la peor y más indignante atrocidad que registra la historia reciente del país".

Meses atrás, desde el gobierno, de manera cruel, despectiva y con absoluta falta de respeto al dolor de los familiares, el entonces procurador Jesús Murillo Karam lanzó una "verdad histórica", sin asidero en peritajes ni en trabajo profesional en campo, apoyada exclusivamente en declaraciones de presuntos criminales, fantasiosa e imposible de probar con bases científicas, sobre la forma en que habrían sido liquidados los 43 normalistas, supuestamente cremados en una pira infernal, sus restos reducidos a cenizas y polvo y luego tirados en bolsas de plástico a un río. Fue una declaración "de oídas". Y con datos aportados sólo por criminales.

Finalmente, el 6 de septiembre de 2015 se derrumbó "la verdad histórica" esgrimida por Murillo Karam. En seis meses de investigación, el Grupo Interdisciplinario de Expertos Independientes (GIEI), nombrado por la Comisión Interamericana de Derechos Humanos (CIDH), concluyó que la cremación de 43 cuerpos en el basurero de Cocula "no pudo haber sucedido", según sus peritajes independientes.

En el violento escenario de Iguala, en septiembre de 2014, hubo más de 150 autoridades, policías locales y federales, militares uniformados y de civil, sicarios del cártel Guerreros Unidos, todos ejecutando ataques con armas de fuego, perfectamente coordinados, en contra de estudiantes que no iban armados y que intentaban defenderse con piedras y palos.

Durante la investigación de las agresiones, las cuales acaecieron en niveles cada vez más graves (primero tiros al aire y bloqueo con patrullas, luego ráfagas contra civiles desarmados que huían, persecución y más balas con ganas de matar, golpizas, emboscadas y ataques en varios sitios y momentos), abundan confesiones arrancadas mediante torturas —según confirmaron los miembros del GIEI— con las que pudo armarse una versión a modo y conveniencia de la autoridad federal.

Todo apunta, más de un año después, a que los 43 normalistas de Ayotzinapa cayeron, sin saberlo, en una vorágine de violencia extrema alimentada por complicidades de autoridades y criminalidad organizada en un esquema de colaboración para operar el negocio global de las drogas que florece en Guerrero y se extiende a todo el mundo.

Los jóvenes ingresaron, para su desgracia, en una de las más cruentas zonas de ingobernabilidad del país y de todo el continente: al reino de la amapola, de la goma de opio y de la heroína que allí se cultivan, producen, almacenan y distribuyen. Ruta de trasiego, por Iguala pasan también la cocaína que viene de Sudamérica, las drogas sintéticas fabricadas en laboratorios propios y de estados vecinos como Michoacán, además de la mariguana que suele producirse en zonas serranas. En ese contexto, los normalistas habrían tenido la mala fortuna de tomar un autobús que ya había sido *preñado* con una carga de droga de la que se produce y transforma en las inmediaciones de Iguala, por

Tlacotepec, Chilapa, Tlacolula, Cocula, Teloloapan, Cuetzala del Progreso, Arcelia, Ajuchitlán del Progreso, entre otros 40 municipios y comunidades de la geografía guerrerense, rigurosamente controlados por los traficantes.

Decenas de kilogramos de goma de opio o su producto final, heroína, tienen un valor millonario en dólares, que sicarios y policías no estaban dispuestos a que se perdieran. Por eso se atacó a media docena de autobuses cuando ya iban por dos salidas de Iguala tomando la carretera. La embestida no ocurrió antes, aunque los movimientos de los jóvenes habían sido monitoreados por policías municipales, *halcones*, policías federales y militares desde que salieron en dos autobuses desde Tixtla, cuando pasaron por Chilpancingo y luego por Huitzuco, antes de llegar a Iguala. Por lo menos tres horas antes.

Mientras la presente investigación se encontraba en proceso de edición, se dio a conocer el informe de los expertos internacionales y la hipótesis que refuerza el contenido de estas páginas: "La existencia de un quinto autobús, Estrella Roja, que no se encontraba en la historia recogida en el expediente de la Procuraduría General de la República (PGR), a pesar de que dicho autobús fue referido [y ocupado] por 14 normalistas que lo tomaron y sobrevivieron a los hechos". Ese autobús "puede tener un papel significativo en la explicación de la agresión contra los normalistas".

A partir de consultas con agentes de la DEA, los expertos confirmaron que hay procesos abiertos en Estados Unidos en torno al tráfico de heroína entre Iguala y Chicago, el cual se hace en autobuses de pasajeros. Por investigaciones de esa agencia estadounidense se sabe que en agosto de 2013 se incautaron 68 kilos de heroína, nueve de cocaína y más de medio millón de dólares en efectivo a traficantes de origen mexicano. Fueron capturados y enjuiciados ante una corte local Pablo Vega Cuevas, líder de una célula de Guerreros Unidos en Chicago, su cuñado Alexander Figueroa, Eliseo Betancourt Pereira, Roberto Sánchez e Isaías Mandujano. Se emitió, además, orden de captura contra Wilfredo Flores Santos, José Rodríguez y Arturo Martínez, acusados de crear un par de líneas de autobuses para trasegar heroína y cocaína desde Iguala.

La dramática noche del 26 de septiembre de 2014 los normalistas se habrían llevado el camión con drogas "de forma circunstancial", y eso pudo ser el detonante de la violencia. La investigación de la PGR debe continuar en ese sentido, porque cuando los expertos fueron a inspeccionar ese autobús, en julio de 2015, se les presentó uno diferente.

Un informe previo de la PGR falseó los hechos y afirmó que dicho autobús, un Estrella Roja número 3278, fue destruido e inutilizado por los normalistas, que al final no se lo llevaron, pero no se aportó una sola prueba de tal versión. Es decir, durante meses se ocultó la existencia de ese transporte, el último de cinco que salieron con estudiantes de la terminal de Iguala. Antes de emprender la marcha, el chofer pidió esperar "que una mujer le trajera documentación y ropa que necesitaba" y, en efecto, llegó ella en una moto. Cuando el Estrella Roja con 14 normalistas ya iba por la carretera rumbo a Chilpancingo, fue detenido por una patrulla de la Federal de Caminos. Los estudiantes huyeron a los cerros cercanos mientras policías municipales los atacaban a balazos.

POLÍTICA CRIMINAL

La porción del estado de Guerrero que incluye Iguala y municipios vecinos se convirtió en una zona de exclusión para toda mirada ajena o injerencia foránea. Después de la desaparición de los normalistas, tan sólo en fosas clandestinas de Iguala han sido encontrados más de 110 cuerpos. Según peritajes oficiales (que deberían ser revisados otra vez por expertos foráneos, porque no hay certidumbre de que sus resultados sean precisos), ni uno solo de esos restos correspondió a alguno de los 43 estudiantes.

Frente a la tragedia colectiva que este reguero de cadáveres significa, dentro de una demencial normalización de la violencia, surgió en Iguala un grupo ciudadano al que se dio en llamar "los otros desaparecidos", desde el cual se animó poco a poco a familiares de víctimas del flagelo de los "levantones" a denunciar sus desgracias y a narrar testimonios de sus personales dolores acumulados. La sola cifra de reportes de desapariciones en la región (que no habían sido denunciadas ante una autoridad, pues no había la mínima confianza en las instituciones que todo mundo sabe están al servicio de la maña) describe el infierno allí vivido durante años: de Iguala y sus alrededores actualmente se desprenden 273 reclamos por "otras" desapariciones, cuyos expedientes se concentran en Guerrero y el Distrito Federal, en la Subprocuraduría de Derechos Humanos, Prevención del Delito y Servicios a la Comunidad de la PGR. Para dar una idea de la atrocidad que esto representa, entre 2005 y 2011 se denunciaron 239 desapariciones en todo el estado de Guerrero.

Cabe recordar aquí a Ricardo García Cervantes, respetable militante del PAN que estuvo al frente de esa subprocuraduría desde diciembre de 2012 hasta el 27 de mayo de 2014, exactamente cuatro meses antes de la tragedia de Iguala. Ese día renunció al gran aparato de fingimiento oficial. Tenía bajo su mando la Unidad Especializada en Búsqueda de Personas, pero ese tema —dijo con sinceridad extraña en los políticos— había dejado de ser una prioridad para el gobierno de Enrique Peña Nieto.

Su ausencia la cubrió temporalmente Ileana García cerca de un año. En ese lapso continuaron formalizándose las quejas por las "otras desapariciones". Después de la renuncia de Jesús Murillo Karam a la PGR, la nueva procuradora Arely Gómez nombró como subprocurador de la dependencia a Eber Omar Betanzos Torres, quien en septiembre de 2015 aseguró que fue el propio Estado mexicano el que solicitó a la CIDH la designación de un grupo de expertos para investigar el caso de los 43.

Es claro que en pocos años Iguala se fue transformando en un centro de acopio, preparación, selección, empaque y envío de goma de opio y heroína hacia Estados Unidos. Es el territorio productor de amapola o adormidera más importante no sólo de la República mexicana, sino de toda América.

México ya es el segundo país en el mundo, solamente después de Afganistán, en cuanto a potencial de obtención de heroína. Superó con creces a Colombia como abastecedor de opiáceos al mercado estadounidense (30 veces más) y desplazó a la antes segunda región productora mundial, el llamado Triángulo Dorado del sudeste asiático, donde convergen Myanmar (antes Birmania), Laos y Tailandia.

En este contexto internacional, la geografía que rodea a Iguala, ciudad de 140 mil habitantes, corazón de los sembradíos de amapola de todo el hemisferio, está dominada por grupos delincuenciales extremadamente violentos. Los criminales se han aposentado sometiendo y corrompiendo alcaldías y policías municipales para obligarlas a dar servicio y protección al multimillonario negocio trasnacional, el cual podría dejar a los traficantes mexicanos, ahora mismo, unos 17 mil millones de dólares anuales solamente en lo que hace a los opiáceos derivados de la amapola.

La debilidad institucional de los municipios y sus carencias ancestrales inclinan la balanza hacia los adinerados traficantes del opio, la heroína y la morfina, sin que las autoridades civiles y sus policías sean capaces ya de preservar mínimamente el orden y ejercer su obligación de ser garantes de la seguridad de los pobladores que las eligieron. Están rebasadas por la criminalidad, que no es local, nacional o regional, sino global —como aquí se explica— cuyos hilos se mueven desde cualquier parte del mundo.

Así, las comunidades de la Sierra Madre del Sur son como volcanes que producen exhalaciones desde su lava ardiente, agresiva. Son ollas de presión que guardan un potencial cada vez más peligroso de erupción para convertir en intransitable e ingobernable esa región caliente del país.

El asunto no es nuevo. El huevo de la serpiente se ha venido incubando gracias a políticas públicas que van de lo errático a la franca complicidad. Se están cumpliendo nueve años desde que el gobierno federal, en las postrimerías del sexenio de Vicente Fox, decidió ya no combatir mediante fumigación aérea los cultivos de mariguana y amapola en ninguna planicie o montaña de ninguna región de la geografía nacional.

Las decisiones presidenciales y las consecuentes órdenes transmitidas al Ejército, la Marina y toda suerte de policías federales, estatales y municipales, dentro de un esquema punitivo del supuesto combate al tráfico de drogas, dejaron caer sobre las espaldas de los mexicanos una tragedia sin precedentes, cuyo origen está precisamente en la "guerra contra las drogas", llamada así por Felipe Calderón, aunque después pretendiera negar sus propias palabras. Hay registro oficial de más de 150 mil homicidios dolosos en ese periodo; más de 30 mil desapariciones sin que sean hallados vivos o muertos esa cantidad bárbara de ciudadanos; más de millón y medio de hombres, mujeres y niños fueron desplazados por la violencia; cada año no menos de 20 mil migrantes centroamericanos son víctimas de secuestro, extorsión, tortura, violación y muerte durante su viacrucis a través de la República mexicana.

Pese a la evidencia de esta crisis humana en la que se abandonó a su suerte a los mexicanos, porque no hay justicia para las víctimas de tantos rostros de la violencia, a tres presidentes de la República les ha parecido políticamente correcto dejar florecer los plantíos ilícitos, a los que se mantiene intactos desde el aire y son atacados solamente a pie por tropas que no alcanzan a competir en extensiones y en ritmo de superficies destruidas de sembradíos ilícitos con la proliferación de otros nuevos, que se multiplican como plaga o se expanden, literalmente, como la mala yerba.

Y no es una suposición, sino un hecho verificable, que esas siembras ilegales ya no son atacadas por la vía aérea. Eso ocurrió exactamente a partir del 28 de noviembre de 2006, tal como lo decretó Vicente Fox, a quien le faltaban 48 horas para entregar la banda presidencial a un Felipe Calderón que entró por la puerta trasera al salón de sesiones del Congreso para tomar posesión.

Y luego, sin reparo alguno en las consecuencias, ejecutaron esa orden de parar el ataque aéreo a las drogas, dos semanas después, en diciembre de 2006, el recién nombrado procurador de la República (hoy ministro de la Suprema Corte de Justicia de la Nación) Eduardo Medina Mora y el entonces secretario de la Defensa Nacional, Guillermo Galván Galván. Ellos obedecieron sin chistar la instrucción de los dos presidentes panistas y pactaron transferir 108 aeronaves de la PGR a la Secretaría de la Defensa Nacional (Sedena) para que durmieran y se *chatarrizaran* en instalaciones militares, porque a partir de entonces simple y olímpicamente se dejó de fumigar sembradíos ilegales.

Resulta monstruosamente criminal y absurdo, sin exageración alguna, que después de la descomunal tragedia que se dejó caer sobre las espaldas de los mexicanos descrita renglones arriba, México produzca hoy casi el doble de mariguana y al menos cinco veces más opiáceos que antes de la absurda y fracasada guerra que desató el gobierno de Felipe Calderón con el pretexto del combate al narcotráfico.

El objetivo de esa guerra fingida —la derrota del narcotráfico— nunca se cumplió. Por el contrario, se alentó con la inacción oficial la producción de opiáceos derivados de la adormidera, el cultivo de *cannabis* y la elaboración de drogas de diseño en cientos de laboratorios de la geografía mexicana.

Resulta entonces que hoy somos el mercado de abasto seguro de todo tipo de drogas que requieren más de 20 millones de adictos estadounidenses: heroína, mariguana y las sintetizadas en laboratorios. Además, México es el almacén y centro de distribución para todo el mundo de la cocaína que viene de Sudamérica. Ése es el triste papel que la potencia asignó a un país subordinado, su vecino del sur, con el que comparte una frontera de 3 mil 152 kilómetros.

No es en absoluto una exageración concluir, pues, que la desaparición de los 43 normalistas de Ayotzinapa es, finalmente, una responsabilidad de los tres últimos gobiernos federales mexicanos. Lo anterior a causa de la permisividad y la complicidad de las instituciones y los órganos públicos para que se continúen produciendo drogas en México en cantidades superlativas. Las decisiones que debieran ser soberanas acaban supeditándose a las necesidades del mercado internacional de sustancias ilícitas, controladas y administradas por la vecina potencia del norte, el país consumidor por excelencia.

Hay que reconocer que está, por supuesto, la responsabilidad inmediata del cogobierno PRD-Guerreros Unidos dominando la alcaldía de Iguala y controlando cualquier movimiento de personas y vehículos en su ámbito geográfico, operando la inadmisible agresión contra los normalistas. Estamos ante el resultado de políticas cultivadas fallidamente durante años.

La historia que desemboca en la desaparición de los 43 normalistas nace de esa supeditación al extranjero y de las políticas criminales e irresponsables de las recientes administraciones federales y estatales. Pero toda la investigación de ese crimen de lesa humanidad se orienta y se quiere constreñir al ámbito municipal, tal como conviene a los propios gobiernos federal y estatal, que sin dudas son corresponsables de esta desaparición forzada.

CRECEN CAMPOS AMAPOLEROS

En cuanto a la amapola, adormidera o *papaver somniferum*, de cuyo bulbo se extraen goma de opio, morfina y heroína, según análisis de InSightCrime, México pasó de tener 5 050 hectáreas sembradas con esa flor en 1995 a 19 500 hectáreas en 2009. Hoy la Organización de las Naciones Unidas (ONU) ofrece su propio cálculo (porque no existen datos confiables en México) de que hay por lo menos 12 mil hectáreas de plantíos de amapola en nuestro país. Son cifras de 2011, todavía sin actualizar. Con esa extensión amapolera, en condiciones óptimas de explotación, se calcula que podrían producirse hasta 250 toneladas de heroína.

In Sight Crime aconsejó a México revisar sus estadísticas, pues los informes de erradicación de cultivos no son congruentes con esa superficie: la ONU se equivoca haciendo un cálculo conservador o los gobiernos mexicanos exageran su capacidad destructora de cultivos ilícitos para el lucimiento ante la opinión pública, o tenemos una abrumadora realidad de un crecimiento jamás visto de los sembradíos de amapola.

Veamos las cifras oficiales, todas verificables en documentos, en declaraciones públicas y en los anexos de informes presidenciales.

Comparando los cuatro primeros años de gobierno de Ernesto Zedillo (65 240 hectáreas destruidas) con el primer cuatrienio de Vicente Fox (74 232) y el correspondiente de Felipe Calderón (49 606), el promedio anual de hectáreas de adormidera que habrían logrado eliminar esas sucesivas administraciones es de 16 310 (1994 a 1998), 18 558 (2000 a 2004) y 12 401 entre 2006 y 2010.

Quiere decir que siempre hubo más de las 12 mil hectáreas que se dice hoy están sembradas en México, tal como también lo muestran las 27 mil hectáreas que la administración de Enrique Peña Nieto presumió haber destruido en sus primeros 20 meses de gobierno, sólo para decir a la opinión pública que superó las superficies de amapola erradicadas en los dos primeros años de Calderón, que oficialmente eran 25 249 hectáreas. Hay potencialmente 250 toneladas de heroína susceptibles de producirse aquí. Son una cantidad exorbitante, si se considera que México pasó de obtener ocho toneladas en 2005 (más o menos lo que se atribuye como extracción anual a Colombia hoy mismo) a 50 toneladas métricas de heroína en 2009. Sumémosle a las superficies de adormidera el hecho de que, en años recientes, los traficantes han conseguido extraer más goma de opio en muchas menos hectáreas, lo que daría otro salto exponencial en 2015.

Hablando de toneladas, hace por lo menos cuatro años que la real extracción de goma de opio y la consecuente elaboración de heroína en México se instaló en los tres dígitos, rebasando a la región de Shan, en el noreste de Myanmar.

Los traficantes mexicanos son verdaderos empresarios, con un olfato ultradesarrollado para los negocios. Captaron que el precio de la mariguana bajaría con la legalización de esa droga en varios estados de la Unión Americana, sea para usos medicinales o para consumo recreativo, y voltearon los ojos hacia la heroína. Sobre todo porque la tendencia entre los adictos en Estados Unidos apunta otra vez al consumo de los opiáceos, como había ocurrido a principios de los noventa. Hay un "nicho de oportunidad" para los empresarios de la droga mexicanos que no desperdician las coyunturas favorables del mercado. Más de 90% de la heroína que se inyectan, fuman o inhalan —o degluten en fármacos legales— los adictos estadounidenses (allí se cuasi duplicaron los heroinómanos en un lustro, de 373 mil en 2007 a 669 mil en 2012 y ahora rebasan el millón) llega desde México, y de esa cantidad de opiáceos más de la mitad sale desde Iguala.

En ese infierno cayeron los normalistas recién ingresados a la Normal Isidro Burgos de Ayotzinapa aquella noche del 26 al 27 de septiembre de 2014, cuando simplemente iban a tomar autobuses para hacer sus propios "trabajos de observación" de la escuela y luego retener los camiones para trasladarse a la ciudad de México en ocasión del 46 aniversario de la masacre de estudiantes del 2 de octubre de 1968 en Tlatelolco.

Además de que el jugoso negocio ilegal no acepta testigos ni miradas extrañas, primero corrió el rumor y luego se publicó en varios medios de prensa y en redes sociales que uno de los autobuses que finalmente fue tomado por los normalistas ya estaba "cargado" con mercancía ilícita para ser enviado a Reynosa, Tamaulipas. No se especifica si era alguno de los dos Costa Line o el Estrella Roja del Sur.

Un hecho así tiene lógica, sobre todo porque en el pasado se han descubierto envíos de cargamentos desde Iguala, Chilpancingo o Acapulco cuyo valor se tasa en millones de dólares.

Por supuesto los normalistas no tenían la mínima idea de las condiciones en que tomarían prestados los tres autobuses. Pero tanto los choferes como los policías locales, los agentes federales y el propio Ejército sí estaban informados. De otro modo no se practica en el país el trasiego de drogas.

Un chofer, los policías de la terminal camionera y los *halcones* o espías de Guerreros Unidos (que tenían ubicados y daban seguimiento a los normalistas desde que llegaron a Iguala) dieron aviso de qué autobuses habían sido sustraídos y entonces surgió la orden de parar a los *ayotzinapos* a como diera lugar. La pérdida de la mercancía era inaceptable. Y la carga podría volverse irrecuperable. Lo sabían los dueños y los comerciantes de la droga.

Es posible —y conveniente para el negocio— que la autoridad jamás confirme esta especie. Sería como descobijar el *modus operandi* del tráfico de drogas desde Iguala. Y no porque la versión peque de fantasiosa, sino porque hay un hecho real e irreversible que afecta la averiguación: de manera más que sospechosa, los autobuses ya fueron reparados y otra vez están en circulación, sin que se haya respetado la mínima cadena de custodia de una investigación seria y profunda que involucra una desaparición masiva.

Lo que sí se puede confirmar a partir de las narraciones de los agredidos y de los agresores (en el expediente están los testimonios) es la violencia extrema con la que fueron atacados los ocupantes de los camiones cuando ya todos estaban a la salida de Iguala, cuando ya a nadie más que a los permisionarios molestaba este "préstamo forzado".

Hubo una operación de muerte y desaparición contra los normalistas y contra jugadores de futbol, coordinada eficazmente a través de la radio de la policía y por celulares, precisa y exclusivamente para que los autobuses no pudieran ir a ninguna parte. Había que impedir que esos vehículos salieran de Iguala. Los muchachos, en realidad, además de llevarse "prestados a la fuerza" los autobuses —como lo han hecho desde hace años—, se apoderaban involuntariamente de su contenido millonario en dólares.

En el expediente hay testimonios de policías de Iguala que describen el *modus operandi* del trasiego de drogas. Se hacen de la vista gorda para dejar pasar automotores "tolerados" por orden de los jefes de policía, lo mismo en Ahuehuepan que en Loma del Coyote, en Santa Bárbara o en Apipilulco. O simplemente fingen patrullajes rutinarios en poblados para dejar, en horarios predeterminados, que pasen sin revisión las cargas de droga a través de retenes vacíos de vigilancia.

Para ubicar la gravedad de esa fortuita sustracción que pudo haber ocurrido a cualquier hora de cualquier día y en cualquier autobús en Iguala, donde la constante es el trasiego de droga, cito un caso muy reciente:

En Nueva York, en mayo de 2015, se incautó una carga de 70 kilogramos de heroína. El fiscal especial antinarcóticos, Bridget Brennan, se apresuró a estimar en 50 millones de dólares el valor del opiáceo.

Para transportar droga o dinero en efectivo, lo mismo en la República mexicana que a través de su frontera norte con Estados Unidos, se utilizan "clavos" o compartimientos secretos fabricados ex profeso que, en la mayoría de las ocasiones, logran cruzar retenes, aduanas y todo tipo de controles (electrónicos, rayos láser, arcos detectores, binomios caninos, etcétera), pero gracias, siempre y principalmente, al elemento que suele aceitar la maquinaria de la corrupción, los generosos sobornos monetarios. También es posible llevar cargas en pipas de gas, en los neumáticos o amarradas en los sitios más inverosímiles, bajo contenedores o junto al motor de un tractocamión o autobús (aire acondicionado, adosadas a la caja de velocidades, aparejadas al depósito de combustible, bajo el camastro en que suelen descansar los choferes, detrás del asiento del conductor), o simplemente en maletas dentro del compartimiento del equipaje, con o sin doble fondo, todo ello en algún autobús de pasajeros.

Aquí nos topamos con una explicación lógica para el empecinamiento de "policías bélicos" de dos municipios (Iguala y Cocula) y de sus aliados los sicarios de los Guerreros Unidos, con órdenes específicas de sus jefes de parar "a como dé lugar" los tres camiones de pasajeros que ya habían sido tomados por los normalistas.

Y no es que se estuvieran yendo transportes comunes y corrientes por varios días a donde los estudiantes decidieran, incluida la Plaza de las Tres Culturas de Tlatelolco en la ciudad de México o a la propia Normal de Ayotzinapa, ubicada en el municipio de Tixtla, sino que el complicado periplo exponía un cargamento de goma de opio y de heroína ya procesada "clavada" en un camión, que representaba una fortuna nada despreciable para los negociantes de la droga y que podría perderse en tan intrincada ruta. El dato más relevante es que los autobuses fueron obligados a parar cuando ya iban de salida de la ciudad de Iguala, en la calle Juan Álvarez casi esquina con Periférico Norte.

A nadie estaban molestando en ese momento, pues ya habían pasado cerca de donde había llegado a su fin la fiesta organizada por el DIF municipal, con motivo del informe de María de los Ángeles Pineda Villa, la esposa del alcalde José Luis Abarca, quien ese día lanzaba oficialmente su candidatura para suceder a su marido en la presidencia municipal de Iguala.

En la prensa escrita y en sitios de internet se ha especulado sobre si una carga de 35 kilogramos de goma de opio o heroína habría estado ya colocada en uno de los camiones cuando, por accidente, los secuestraron los normalistas, y que esa noche partiría a Reynosa, Tamaulipas. En realidad sí hay viajes a Matamoros y Reynosa desde Iguala, pero la única corrida hacia esa frontera que aparece en la página de la empresa Futura está marcada para salir de la ciudad a las 16:30 horas.

Columnistas de *Excélsior*, *El Financiero*, *Reporte Índigo*, además de *El Universal*, entre otros, y los portales *Sin Embargo*, *Sdpnoticias* y varios más, toman como una posibilidad la existencia de la droga dentro de uno de los tres autobuses secuestrados por los normalistas la noche del 26 de septiembre de 2014. Sin embargo, mezclan esa versión con otras obtenidas en testimonios del capo Sidronio Casarrubias Salgado (quien habría sido objeto de torturas extremas); a saber, que:

- María de los Ángeles Pineda, esposa del alcalde José Luis Abarca, era "amante" del gobernador Ángel Aguirre Rivero, quien habría aportado al menos 10 millones de pesos mensuales al Partido de la Revolución Democrática (PRD).

- En los dos autobuses Estrella de Oro que llegaron de la Normal Isidro Burgos de Ayotzinapa a Iguala venían "camuflados" 17 sicarios del cártel de los Rojos, enemigos a muerte de los Guerreros Unidos, para intentar retomar la plaza. (No hay una sola arma ni algún otro indicio físico de la presencia de dichos sicarios.)

- Se entregaron 300 mil dólares al procurador Iñaki Blanco, al secretario de Seguridad Pública guerrerense, Leonardo Vázquez Pérez, y al director de la Normal, José Luis Hernández Rivera, para que permitieran que se infiltraran Rojos en los autobuses.
- Sidronio solamente dio instrucciones por teléfono de que liquidaran a los "17 Rojos" y que recibió un mensaje posterior del *Cabo* Gil de que "los 17 se fueron al agua; que los quemamos, los hicimos polvo y las cenizas las tiramos al río; nunca los van a encontrar". Y que de parte de Guerreros Unidos sólo habían tenido tres bajas, aunque esos cadáveres no aparezcan físicamente ni en algún reporte oficial.

Mucha mezcla de realidad y fantasía.

En este libro se agota esa hipótesis, pero también se reproducen declaraciones de presuntos delincuentes y sus cómplices "policías bélicos" de Iguala, en las que aparece una narrativa que derrumba la "verdad histórica" del ex procurador Jesús Murillo Karam sobre la forma en que, según policías y criminales, habrían sido liquidados los 43 normalistas de Ayotzinapa.

¿En el basurero de Cocula, según el ex titular de la PGR? ¿En Pueblo Viejo, según la procuraduría estatal de Guerrero? ¿En instalaciones militares? ¿En ninguno de esos sitios, en realidad, porque las declaraciones habrían sido sacadas bajo tortura y por eso sigue vigente el reclamo de la aparición con vida de los estudiantes?

Hay una verdad oficial dispersa que nadie quiere contar, aunque tengo en mis manos miles de páginas con declaraciones de más de un centenar de detenidos y testigos, muchos de cuyas declaraciones se asentaron, decíamos, con torturas y prefabricaciones de por medio y están plagadas de inducción por parte de los ministerios públicos. Por citar algunos ejemplos:

Es nombrado, sin que venga aparentemente a cuento, el empresario argentino Carlos Ahumada como dueño de dos minas en Guerrero y traficante de cargas de uranio hacia China, ocultas entre mineral de fierro, magnate poseedor de un helicóptero para sus negocios y para ir a partidos de futbol en Toluca o en la ciudad de México con el que llaman su socio, el capo de la Familia Michoacana, Johnny Hurtado Olascoaga, a quien apodan *el Pescado*, según describe el capo encarcelado Sidronio Casarrubias Salgado. (Una de las minas, Campo Morado, habría pertenecido al ex gobernador y ex dirigente del PRI asesinado el 28 de septiembre de 1994, José Francisco Ruiz Massieu.)

Presuntos criminales presos (los mismos en cuyas declaraciones se basó Murillo Karam para afirmar que los 43 fueron asesinados, incinerados en una pira gigantesca en el basurero de Cocula, sus restos pulverizados y reducidos a cenizas y lanzados en bolsas de plástico a un río) juran que había ocupantes de los autobuses, aparte de los normalistas, pertenecientes al cártel enemigo, los Rojos. Que iban armados, aunque nadie más lo asevera y tampoco se registró un disparo ni ha sido exhibida una sola arma supuestamente perteneciente a los jóvenes arteramente atacados a balazos o a los fantasmales acompañantes. Son declaraciones demasiado forzadas y seguramente fueron inducidas con fines de venganzas políticas. El tiempo nos dará la razón.

En esta tragicómica "investigación" hay al menos tres encapuchados a quienes se permitió que con el dedo señalaran, a través de ventanas de un local oficial o en pasillos en los que fueron concentrados los policías, a aquellos a quienes convenía involucrar para sesgar las pesquisas y de esa manera encarcelar a 22 policías de Iguala y a más de una docena que los auxiliaron desde Cocula. Esta invención de culpables ocurrió en el Cuartel

General de la Policía Estatal, junto al centro penitenciario de Tuxpan, Iguala, donde los uniformados entregaron placas, armas y credenciales. Se trataba de encubrir a los verdaderos perpetradores. Hay oficiales de Seguridad Pública, con nombre y apellido, que ordenaron cambiar matrículas de al menos cuatro patrullas, después de que fotos y videos de esos vehículos oficiales capturando y trasladando estudiantes fueran tomados con celulares y circularan profusamente en redes sociales. Asimismo, hay más de 110 detenidos, de los cuales se puede pronosticar que serán liberados poco a poco, porque nada se les puede probar, mientras los verdaderos criminales continúan en libertad. No ha de pasarse por alto que los detenidos están acusados de "secuestro" y no de "desaparición forzada". Esta última figura existe bien definida en el código penal del estado de Guerrero, pero no a nivel federal, lo que suaviza las imputaciones.

El gobierno federal arrebató el caso al de Guerrero cuando la fiscalía estatal estaba a punto de dar una conclusión de los trágicos acontecimientos, muy distinta de la que ofreció el titular de la PGR en noviembre de 2014, horas antes de que viajara a China el presidente Enrique Peña Nieto. Los aparatos de inteligencia aconsejaban que el mandatario no saliera del país dejando en total incertidumbre a la ciudadanía y así lo sugirieron sus asesores al jefe del Ejecutivo, aunque esa versión oficial fuese un galimatías y sólo enredase más el de por sí confuso episodio criminal.

En papeles oficiales y en exhibiciones ante los medios, en absurdas hipótesis de la PGR, más las de la procuraduría del entonces gobernador Ángel Aguirre Rivero, sobre todo cuando se les confronta con testimonios rendidos ante el Ministerio Público y con la narrativa de los familiares de los desaparecidos, se llega a conclusiones que terminan por constituir un pestilente cochinero que el lector podrá conocer a detalle y, a partir de allí, sacar sus conclusiones.

Baste decir que el joven Julio César Mondragón Fontes, a sus 22 años padre de una bella niña y quien recientemente había sido admitido en la Normal de Ayotzinapa, fue torturado y asesinado por policías y delincuentes (en Iguala eran lo mismo), arrancándole "profesionalmente" todo el rostro, los ojos y las orejas como escarmiento. Ante la crudelísima acción, la autoridad se atrevió a afirmar que el desollamiento fue provocado por "fauna nociva" y exculpó de ese delito de lesa humanidad al supuesto perpetrador, el policía municipal de Iguala, Luis Francisco Martínez Díaz, capturado en febrero de 2015, enviado a un penal de alta seguridad de Veracruz y exonerado de ese delito en marzo, aunque siga en prisión por otras transgresiones que se le imputan.

El caso de Julio César ni siquiera ha salido de la jurisdicción de Iguala para ir a Chilpancingo, aun cuando su joven viuda Melissa y abogados de derechos humanos exigen la atracción federal por tratarse de un crimen de lesa humanidad. En sentido contrario, el gobierno no sólo nombra como homicidio calificado lo que fue una ejecución extrajudicial, previa tortura, sino que ha dispersado a más de 100 detenidos por la agresión a los normalistas en media docena de cárceles por todo el país (Tepic, Cuernavaca, Toluca, Chilpancingo, Veracruz) y dividido el proceso en al menos 13 causas penales en seis juzgados. El asesinato de Julio César está en cuatro distintos expedientes. Así no se ve, ni de lejos, el advenimiento de la justicia.

Aquí se narra la forma en que un violento César Nava González se apoderó del control policial en Cocula, amenazando de muerte a su propio jefe, el entonces secretario de Seguridad Pública, Salvador Bravo Bárcenas, a quien mantuvo como una caricatura de mando, mientras él se encargaba de todos los operativos y repartía dinero a manos llenas a sus propios policías y jefes para tenerlos al servicio de los Guerreros Unidos.

Se revela también cómo se borran las huellas principales que dificultan el acceso a la verdad, pues no se aplica la mínima cadena de custodia. El ejemplo más evidente de ese descuido es, como se ha mencionado, el hecho de que los autobuses baleados, con los vidrios rotos y las llantas reventadas —luego de que tres de ellos permanecieron horas en la avenida Juan Álvarez casi esquina Periférico Norte, y al menos dos más en la carretera—, acabaron en un corralón, después fueron reparados y ya están en servicio otra vez. Vuelven a cumplir con sus rutinarias corridas sin rastros de droga o sangre qué analizar a estas alturas.

1

De Iguala a Los Ángeles, a Chicago

El mundo es otro cuando tú la esnifas. Vives físicamente, tal vez apenas con esfuerzo sobrevives, en Los Ángeles, California, donde comienza el archi-súper-*freeway* de la droga que cruza Chicago y desemboca en Nueva York y que antes entró —como Juan por su casa— mediante ilegal contrabando consentido desde el vecino país del sur, México: trasiego reconocido y nada controlado por los *marshalls*, agentes de la DEA y otras autoridades que "administran", en vez de controlar y evitar, el tráfico de sustancias ilícitas.

La heroína te va diluyendo el cerebro, te hace alucinar y te envía a sueños incomprensibles. Te arrebata el acicate interno de la vida. Te vuelve cada vez menos obstinado, venciendo tus reflejos de resistencia. Te ahuyenta la mínima gana de concretar lo que ya miras como la absurda inutilidad de un empleo, con tal de reconciliar eso que tú eres con lo que sueña tu chava, allí pegada a ti, todavía estudiante, a la que crees amar, tratando ella de preservar su liga con progenitores cada día más distantes. Tú ya olvidaste a los tuyos. A ellos también les vale madres lo que te pase. Estás solo en el mundo. Pero en esta ocasión, 26 de septiembre de 2014, no es así del todo.

De verdad quieres ahuyentar esas escenas absurdas que penetran en tu cerebro; sólo deseas olvidar que están allí 43 muchachos con su presencia incómoda, pero al mismo tiempo te invade una obstinación que se te presenta como un sueño recurrente, mientras parece que a tus pulmones se les olvida respirar. Y piensas-sientes que cada ocasión en que aspiras, disparas. Es así porque ya no percibes la inhalación como un aire que penetra refrescante por tu nariz, sino que te duele como un impacto seco. Tus jalones de aire y heroína son como balas contra autobuses que, a unos 3 mil kilómetros de distancia hacia el sur de donde tú te drogas, circulan por una pequeña ciudad en la que se percibe un infierno ardiente y polvoriento.

Los autobuses van repletos de jóvenes que fueron a tomar prestados esos transportes. A la brava, quizá, como ocurre hace mucho tiempo cada vez que hay movilizaciones contra los abusos del gobierno, muy frecuentes en ese país, México; en ese estado, Guerrero; en ese municipio, Iguala. Los muchachos estudian para ser profesores rurales. No aspiran, ni de lejos, a inhalar heroína como tú. Tienen otra potente adrenalina que no requiere estimulantes externos: sólo quieren protestar por matanzas de otros estudiantes ocurridas hace cuatro décadas, cuando ellos no habían nacido y que, sin embargo, están tatuadas en su ADN histórico y en su memoria genética.

Fue por eso mismo que ingresaron a la Normal Rural Raúl Isidro Burgos de Ayotzinapa, en Guerrero, porque piensan mucho en sus familias y en la pobreza en que siempre han vivido. Reflexionan y llegan a la conclusión de que las víctimas de la represión son como semillas del futuro. Ellos quieren graduarse, más que de maestros, de algo así como de faros iluminadores de las luchas sociales de un futuro incierto en la realidad, pero deseable en su ideología utópica, en su cultura rebelde.

Cada quien su mundo.

Algún día no lejano, en California, donde arrastras tus noches, tal vez terminarás sumándote a los 43 982 adictos que el año pasado —leíste en el periódico— transcurrieron por el caño de la droga hacia la nada de la muerte por sobredosis de heroína. Ya casi nunca te asomas por el *downtown* repleto de joyerías de fantasía y de *clochards* negros que recogen el rebosante *pet* de los basureros donde abundan celofanes, plásticos, polietilenos, todo tipo de envases y envolturas que desecha la sociedad de consumo, porque escogiste vagar sin brújula por este barrio infecto y bajo estos puentes que ocultan múltiples presencias errabundas.

Mientras tanto los normalistas, los 43 allá en Guerrero, continúan dignos en su vida joven aunque hayan sido arrastrados por el desagüe de la impunidad para sumarse a decenas de miles de otros mexicanos desaparecidos por el gobierno, por la delincuencia, por una infame violencia cotidiana.

Tú mueres porque no tienes padres, porque ellos se olvidaron de ti y tú también los sepultaste. O, al revés, porque ellos te secuestraron desde donde te acurrucaban tus más íntimas emociones, te convirtieron en cenizas para arrojarte al río del olvido y tú simplemente desapareciste de su vida. Así que eres nada y nadie.

Ocurre exactamente lo contrario con los 43. Según la autoridad, ellos fueron asesinados, cremados en un basurero, sus despojos carbonizados, molidos sus últimos huesos hasta el polvo, guardados y lanzados en bolsas negras a un río y luego irremisiblemente confinados en la nada absoluta. Un procurador de la República los mató mediáticamente, sin pruebas pero con la contundencia del almacenista de confesiones forzadas que cree que eso lo convierte de pronto en dador y ocultista de la justicia según donde lo lleve la veleidosa conveniencia de los poderosos. Ese funcionario era un testigo de oídas, digo yo. Se atrevió a llamar a un videomontaje burdamente producido por su propia procuraduría "la verdad histórica". No tuvo compasión ni recato ni mínima decencia y dio a conocer estrafalarias conclusiones a la prensa sin avisar siquiera a los familiares, gesto que hubiese sido mínimamente honesto en alguien que vive del erario y recibe un alto salario que se ordeña desde los impuestos. Y, sin embargo, contra la versión oficial, apoyada exclusivamente en testimonios de delincuentes confesos y policías, los 43 normalistas siguen vivos. Sus familiares los convirtieron en bandera, en símbolos; los transformaron en meta justiciera hacia la cual exigen que se encaminen los esfuerzos de las instituciones y sus servidores públicos, que para eso les pagamos: "Vivos los llevaron; vivos los queremos".

No hay manera de zafarse. Los 43, sin quererlo, entraron aquella noche del 26 de septiembre de 2014 —sin saberlo ni desearlo tampoco— en una zona de exclusión, en el reino podrido de la amapola, del opio, de la morfina y la heroína. Ingresaron en una geografía que no tolera presencias incómodas y donde se produce más de la mitad de ese opiáceo que consumen los adictos estadounidenses y cuya demanda crece día a día. Ingresaron simultáneamente en la historia.

La pasta, el polvo blanco, la H, la goma, el caballo, la dama blanca, la reina, la chiva, el potro, son algunos de muchos otros nombres que en castellano le endilgan a la heroína. *Smack, junk, H, skag, black tar,* apodan en inglés a esta síntesis de la morfina, principal sustancia activa de la planta adormidera y del bulbo de donde se exprime la goma de opio, la cual se logró aislar y procesar en laboratorios desde el siglo XIX, aunque entonces con fines exclusivamente medicinales.

Durante décadas los traficantes mexicanos habían estado produciendo heroína oscura, la llamada *Mexican black tar,* cuasi negra, heroína café o alquitranada, tan potente como la blanca, pero más barata; considerada muy peligrosa y de menor calidad:

no es lo mismo inyectarse una droga blanca o semitransparente que una de apariencia sucia y oscura.

Pero hace ya varios años los narcos mexicanos desplazaron a los colombianos, mejoraron sus métodos y presumiblemente domesticaron la adormidera traída de Afganistán y del Triángulo Dorado del sudeste asiático (Birmania —hoy Myanmar—, Laos y Tailandia), para miles de hectáreas con una enorme capacidad productiva. Con olfato empresarial, estos traficantes mexicanos, en cuanto cambiaron las tendencias del consumo entre los gringos adictos, migraron con destreza y facilidad del trasiego de cocaína producida en Sudamérica —México jamás ha podido domesticar y producir la planta de la coca, por fortuna— a uno más redituable, la heroína, fácilmente obtenida en tierras mexicanas.

Por las comunidades de Heliodoro Castillo (Tlacotepec), Cocula, Cuetzala del Progreso, Teloloapan, Arcelia, Apaxtla, Eduardo Neri (Zumpango), Leonardo Bravo (Chichihualco), Tlapehuala, Ajuchitlán del Progreso, Chilpancingo de los Bravo, San Miguel Totolapan, Acapulco, Coyuca de Benítez (Tepetixtla), Petatlán, Zihuatanejo, Coyuca de Catalán, Tetipac y muchas más, hay plantíos de amapola. La goma de opio, que se extrae de esas abigarradas siembras, circula para satisfacer al mercado estadounidense lo mismo por autobuses que por camionetas, carros y motocicletas, hacia los centros de acopio y reenvío a la frontera norte. Hay quienes aseguran que también resulta redituable en helicópteros y avionetas.

Iguala es el principal punto de concentración de heroína en la región.

En esa geografía delincuencial no se aceptan testigos incómodos. Zona prohibida y parque jurásico de las peores prácticas criminales.

Nadie puede llegar impunemente sin pagar las consecuencias a la región más escandalosamente productora de heroína de todo México y de toda América, la segunda en el mundo sólo después de Afganistán. La generadora de al menos 17 mil millones de dólares anuales en ganancias comprobables, gracias a la permisividad, al desvío de miradas y a políticas propiciatorias que aquí se analizarán.

Si cualquiera busca explicación a las versiones absurdas, discriminatorias e increíbles que la autoridad ofreció a la sociedad y a las familias, hallará en la realidad un trasfondo impune: en Iguala —sitio del secuestro de 43 estudiantes y de lluvias de balas policiacas y delincuenciales que mataron a seis personas e hirieron a 40 más la noche del 26 al 27 de septiembre de 2014— tenían tiempo de operar en cogobierno la delincuencia organizada y la autoridad institucional. Pretenden seguir haciéndolo bajo otros nombres, porque el negocio es lucrativo y adictivo. La alcaldía de Iguala fue tomada en las urnas por la vía "democrática", bajo el paraguas del Partido de la Revolución Democrática (PRD), con pagos previos de piso y compra de franquicia partidaria entre criminales y un partido político supuestamente de izquierda, que por un plato de lentejas solapó y alentó el dominio delincuencial sobre el ejercicio de una política útil para la gente.

2

Policías bélicos y *kaibiles*

Tu no-rostro, Julio César Mondragón Fontes, le dio la vuelta al mundo. La inimaginable saña de los "policías bélicos" de Iguala (sin hipérbole, así se les nombra a policías de élite que recibieron alguna embarrada de entrenamiento especial y luego fueron "acreditados" por la Policía Federal, PF), hermanados en la maldad con sus pagadores Guerreros Unidos, te había arrancado la piel de la cara para dejarte la carne viva y sin la posibilidad de un mínimo gesto.

No cualquiera puede empeñarse en cumplir con eficiencia tarea tan macabra. Quienes te despojaron de la piel recibieron un entrenamiento especial, casi puedo jurar que de los *kaibiles*, sádicos militares de élite guatemaltecos, a su vez entrenados por Estados Unidos y por mercenarios de viejas guerras venidos de cualquier parte del mundo.

Hoy abundan ex *kaibiles* en cualquiera de los grupos de delincuencia organizada mexicanos, lo mismo entre los Zetas que en el cártel de Juárez; igual están con los de Sinaloa o con los Caballeros Templarios. Y ningún empacho tuvieron en incorporarlos a sus filas los igualmente sanguinarios herederos de los Beltrán Leyva, los Guerreros Unidos, que esa noche anularon cualquier rictus posible de tu humanidad que cargaba apenas 22 años de vida.

Más allá de tu calavera expuesta, sin rostro, sin ojos, sin orejas, un triángulo apenas eso que fue tu nariz, siguieron atormentándote, ya muerto, las policías investigadoras, los agentes del Ministerio Público, jueces y procuradurías sordas y desalmadas, pues tu crudelísimo asesinato seguía arrinconado, minimizado, escamoteado a la familia, a los abogados y a la prensa para fines prácticos.

Casi un año después, absurdamente las investigaciones sobre tu asesinato artero continuaban a cargo de autoridades municipales de Iguala, cómplices comprobadas y partícipes activas en el crimen tuyo y de otras cinco personas esa noche trágica del 26 de septiembre de 2014, de las lesiones a otras 40 y de la desaparición forzada de 43 normalistas más. Ni siquiera se ocupaba de tu desalmada ejecución y del despojo de la piel de tu cara el gobierno de Guerrero en su capital Chilpancingo. Y mucho menos se hacía responsable de este crimen abominable la autoridad federal, la PGR, la peor de todas, que se negaba a ejercer su facultad de atracción de las investigaciones.

Tu liquidación con tortura extrema simplemente se encajonó en el catálogo del homicidio calificado y no en el de ejecución extrajudicial. En el expediente no se menciona específicamente la tortura. ¿Para qué? Para abrir no solamente rendijas sino puertas de par en par a la impunidad.

Parecía que el gobierno fragmentaba adrede la indagatoria de tan execrables crímenes, dispersos en 13 causas penales diferentes, en seis juzgados distintos, en media docena de ciudades del país donde había de procesarse a más de un centenar de detenidos. Separados estaban también los presuntos culpables, a los cuales se mantenía encerrados lo mismo en los penales de máxima seguridad del Altiplano, en Almoloya, Estado de México, que en Tepic, Nayarit; en Puente Grande, Jalisco; en

Matamoros, Tamaulipas; en Villa Aldama, Veracruz, o en Cuernavaca, Morelos.

He allí una justicia sin rostro visible, desollada, para que nadie la identifique a no ser por el ADN inocultable de la impunidad.

Se cumplía más de medio año desde que tu vida de padre joven (con una nena de meses) y de normalista de nuevo ingreso (recién habías aprobado el examen de admisión en agosto anterior, un mes antes de la masacre de Iguala) había sido sacrificada, cuando de repente aparecieron agentes de policía enviados por la Subprocuraduría Especializada en Investigación de Delincuencia Organizada (SEIDO) frente al domicilio de la joven madre y maestra, tu compañera Marissa Mendoza, para pedir que ella y toda la familia acudiesen a las oficinas de la subprocuraduría en Paseo de la Reforma.

Marissa pensó que le informarían que ya estaban presos y confesos tus cobardes asesinos, los que le arrebataron con crueldad extrema al que debió ser su compañero Julio César durante toda su vida. Pero no. Era el fiscal José Manuel Rojas, que sin el menor respeto se presentó antes en el domicilio de la joven viuda, junto con otros altos funcionarios, interrogaron a los familiares para que les dijeran si tenían alguna información que aportar para la investigación del "secuestro" de 43 normalistas de Ayotzinapa. ¿Qué saben ustedes?, porque nosotros seguimos sin saber nada.

Éste era el mensaje subliminal: dígannos para dónde caminamos. O peor: cuenten lo que sepan para que nosotros busquemos lo que más convenga.

Mucho ojo con las formas, porque esto ocurría en abril y "la verdad histórica" ya había sido "revelada" por el procurador Jesús Murillo Karam tres meses antes, el 27 de enero de 2015.

Si la PGR seguía investigando en abril-mayo qué fue lo que realmente pasó; entonces las de Murillo fueron evanescentes, inútiles palabras al aire, pues la indagatoria continuaba sin rumbo fijo, extraviada por los vericuetos de una evidente dilación de justicia, en camino de una previsible impunidad.

—¿Por qué hasta ahora se comunican con la familia? —preguntó la abogada Sayuri Herrera.

"Por prudencia", fue la tibia y torpe respuesta de los funcionarios de la PGR que en meses no habían atraído el caso a nivel federal, como exigieron los familiares y como correspondía por lógica, dada la gravedad de ese delito de lesa humanidad.

La forma sesgada de actuar de la PGR en el caso de la tortura y muerte hiperviolenta de Julio César Mondragón —"terrorismo de Estado", dicen sus abogados y sus familiares— ha sido omisa, irregular, fragmentada, dividida geográficamente y en procesos distintos, que no guardan relación ministerial unos con otros y, por tanto, impiden una visión de conjunto de una masacre que exhibió a México como lo que es: un Estado fallido, impotente, ineficaz, carente de institucionalidad y de las más elementales herramientas para investigar. Inclusive las técnicas forenses que se logran ejecutar, porque hay ausencia de profesionalismo y confianza de los mexicanos, terminan por realizarlas de nueva cuenta especialistas extranjeros como el Equipo Argentino de Antropología Forense o el grupo de expertos enviados por la Comisión Interamericana de Derechos Humanos.

"Todo lo que ocurre en México es un copia-pega de lo sucedido en las guerras contra las guerrillas centroamericanas. Todo, desde decapitaciones y castraciones, hasta eso de arrancar la piel del rostro de las víctimas, es de sobra conocido en Centroamérica y parte de Sudamérica", leo que publica el sitio Foros Perú.

Continúa: "Esos asesinatos son casi rituales, tácticas para infundir terror entre la población. Todo lo que hacen los narcos es herencia de los mercenarios centroamericanos. Es más o menos su guerra, pero 'rebajadita', porque hasta donde sé, los narcos mexicanos no desaparecen pueblos enteros para castigar a la población, como en Centro y Sudamérica".

Al parecer los de Foros Perú no estaban informados de lo que ocurrió en Ciudad Mier, Tamaulipas, donde todo poblador fue expulsado del lugar. *Tierra arrasada* se llamó a ese fenómeno que perpetraban los ejércitos y las policías en Centroamérica; pueblos fantasmas se reportaban meses y años después en medios informativos mexicanos, como el de Mier, donde decenas de sicarios del cártel del Golfo, en más de 15 camionetas, ingresaron directamente a matar a supuestos zetas y a policías que los protegían, y a desaparecer a cientos de personas.

¿DESOLLADO POR FAUNA NOCIVA?

El peritaje en química forense de la procuraduría de Guerrero, fechado el 28 de septiembre de 2014, alude al cadáver localizado en una vereda de terracería, Camino al Andariego, a la altura de la planta de Coca Cola, como "desollado", el cual todavía estaba en calidad de desconocido, pero sería identificado después como Julio César Mondragón Fontes, de 22 años.

Con más precisión, el perito en criminalística de campo y fotografía forense Vicente Díaz Román emitió su dictamen: "Las lesiones presentadas en cara y cuello, por sus características de nitidez al corte, el suscrito estima que éstas fueron producidas por un agente físico vulnerante de tipo cortante".

Es decir, se trató de un corte quirúrgico, aunque el perito Díaz Román apunta que la posición y la orientación en que se encontró el cadáver no coinciden con las originales inmediatas a su muerte; además el sitio del hallazgo "no se corresponde con el lugar de los hechos".

Luego entonces, Julio César fue torturado y despojado de la piel de su rostro en otro lugar y luego arrojado al camino de terracería, donde además le fueron sacados los ojos de sus órbitas. El peritaje ubica un globo ocular a 35 centímetros del cadáver, a la altura de su rodilla derecha. También hay indicios de arrastre del cuerpo, ya inerte, pues el pantalón está enrollado hacia abajo por la parte posterior de la cintura.

Todo está detallado en el oficio 531/2014 dirigido al agente del Ministerio Público, Martín Cantú López, dentro de la averiguación previa HID/SC/03/0994/2014 radicada en el Distrito Judicial de Hidalgo.

El dictamen de necropsia, ese mismo 27 de septiembre, ubica múltiples fracturas en el cráneo producidas por agente contundente, como causa final de la muerte de Mondragón Fontes.

Julio César todavía alcanzó a enviar un mensaje de texto desde su teléfono celular, en el cual le decía a su esposa, la joven profesora Marissa Mendoza Cahuantzi, que estaba en peligro y que les estaban disparando y correteando en la ciudad de Iguala. Eran como las 21:30 horas del viernes 26.

Las contradicciones comenzaron el mismísimo septiembre de 2014. Hay un dictamen de necropsia alterno, el cual fue suscrito el 26 de septiembre por el doctor Carlos Alatorre Robles, perito especialista en medicina forense, adscrito a la Secretaría de Salud de Guerrero, quien contrariamente a lo concluido tajantemente por el forense Díaz Román, de que hubo un arma cortante con la cual se pudo despojar del rostro a Julio César, habla de fauna nociva. En su reporte, el doctor Alatorre quiso atribuir ese horror a la acción posterior de animales, pues alude a "marcas de caninos que interesan toda la cara (superficie facial) y cara anterior del cuello, que interesa piel, tejido celular subcutáneo y músculos, preservando estructuras óseas".

Extrañamente, después de mencionar presencia de rigidez cadavérica en todas las extremidades, apunta: "Se observan las pupilas dilatadas, con la presencia de mancha negra esclerótica, temperatura menor a la de la mano exploradora". Es más que difícil mencionar, en las condiciones en que fue hallado el cadáver, que presentaba "pupilas dilatadas", ya que alguno de los dos globos oculares no estaba siquiera en su lugar. Inclusive renglones más adelante describe, con el número 4 "globo ocular izquierdo enucleado (sacado de su órbita) post-mortem y globo ocular derecho sin tejidos blandos circundantes, comidos post-mortem por fauna del lugar". 5 "pabellón auricular izquierdo... con signos de haber sido masticado por fauna del lugar donde se encontraba". 6 "pérdida del lóbulo de pabellón auricular derecho post-mortem, por haber sido masticado por fauna del lugar..."

Cinco meses después, a finales de febrero de 2015, la Comisión Nacional de Seguridad, dependiente de la Secretaría de Gobernación, dio a conocer la detención del ex policía municipal de Iguala, Luis Francisco Martínez Díaz, a quien le atribuyó el desollamiento y muerte de Julio César.

Había una orden de captura contra este policía de Iguala emitida por el juez tercero de distrito en materia de procesos federales de Tamaulipas, quien terminó siendo enviado al reclusorio federal de mediana seguridad de Villa Aldama, Veracruz. Todo un viaje del caso por la República para que, al final, el policía haya sido exculpado meses después de la tortura y muerte del joven Julio César Mondragón.

A ese mismo policía, con 40 años de edad, se le imputó también ser uno de los atacantes del autobús de la empresa Castro

Tours en el que viajaban jugadores y técnicos del equipo de futbol de tercera división Los Avispones de Chilpancingo, un Volvo placas 434-RK-9. En esa balacera (una entre las seis que están registradas documentalmente la noche del 26 de septiembre) entre las 23:30 y 23:40 horas murieron por arma de fuego el chofer Víctor Manuel Lugo Ortiz y el jugador de 15 años David Josué García Evangelista.

Al recibir varios balazos el chofer, el autobús estuvo a punto de volcarse, pero se detuvo en un talud a la orilla de la carretera y quedó peligrosamente inclinado, recargado sobre su puerta de salida. Allí policías e integrantes de Guerreros Unidos se percataron de que se habían equivocado de autobús, porque en él no viajaban estudiantes de Ayotzinapa —a quienes seguían buscando porque los querían liquidar para impedir que se fueran con los autobuses— y mucho menos supuestos integrantes del grupo rival los Rojos, como les habrían hecho creer sus jefes mediante radios y celulares.

Además tuvo la mala fortuna de transitar por allí, en la carretera de Iguala a Chilpancingo, frente a la desviación al poblado de Santa Teresa, cuando disparaban decenas de policías y sicarios desde ambos lados de la carretera, el taxi Nissan Tsuru placas 0972, en el que viajaba la señora Blanca Montiel Sánchez, alcanzada y muerta por los proyectiles.

Esa noche la orden de parar a los autobuses a como diera lugar y disparar contra los estudiantes fue obedecida durante casi tres horas. El colmo fue que policías y sicarios justificaban ante el Ministerio Público el ataque al camión de los futbolistas, porque se confundieron creyendo que transportaba estudiantes de Ayotzinapa.

No hay la menor duda de que fue una noche de premeditada cacería y exterminio de normalistas.

Es significativo, por lo demás, que los familiares y la abogada de Julio César Mondragón hayan autorizado que se le practique una segunda necropsia al cadáver del joven normalista, frente al hecho de que existen versiones divergentes y hasta contradictorias de la autoridad, pues más de un año después se negaban a reconocer abiertamente el crimen de lesa humanidad contra Julio César. Esto debería ocurrir en presencia y con la colaboración del Equipo Argentino de Antropología Forense.

Sobre este caso, la maestra en ciencias e investigadora de la Universidad Nacional Autónoma de México (UNAM), Quetzalli Hernández, refutó con argumentos científicos la sola posibilidad de que el rostro del estudiante haya sido arrancado por "fauna nociva".

Ella publicó un texto titulado "Sobre el desollamiento de Julio César Mondragón debido a la fauna del lugar", que aquí reproduzco íntegro:

La manera en que los animales carnívoros intervienen en el proceso de desarticulación y consumo de los productos contenidos en las carcasas o restos mortales de otros animales, condiciona diferentes procesos biológicos en los que interviene la disponibilidad de nutrientes dejados para consumo secundario, la dispersión de los restos y las características de su traslado posterior o acumulación. De ahí que el conocimiento etológico (estudio del comportamiento animal) de los depredadores actuales resulte de gran relevancia para disponer de un marco referencial definido con el cual sustentar explicaciones a cualquier tipo de análisis en el que se requiera determinar si un tipo específico de animal se halló involucrado con el consumo de algún resto mortal.

Dicho lo anterior, cualquier atribución que se realice sobre un agente biológico en la configuración de restos mortales debe partir de un conocimiento del comportamiento actual de la fauna carnívora y/o carroñera, y de las razones adaptativas de la misma, y no de asunciones carentes de base o de explicaciones *ad hoc* que surjan debido a una falta de formación etológica sin un referente actual válido.

Cabe resaltar que no todos los animales que se alimentan de forma omnívora o carnívora comen restos de animales muertos. Los animales que sí lo hacen realizan dicha estrategia oportunista de alimentación conocida como "carroñeo". Los animales carroñeros acceden a restos mortales de modo secundario y suelen consumirlos de manera rápida en el lugar donde los obtienen (Curio, 1976). A este respecto son capaces de comer con gran voracidad utilizando la estrategia de la maximización individual de la ingesta de nutrientes o hasta el consumo total de un cadáver de talla pequeña (DeVault *et al.*, 2003). Lo anterior resulta en el rápido consumo de la carne, lo que elimina la probabilidad de que cualquier animal haya arrancado un rostro con tanta precisión.

Sin embargo, con el objeto de deslindar de la responsabilidad a la fauna silvestre se enlistan a los depredadores felinos no carroñeros que presentan dientes caninos registrados para el estado de Guerrero (pero no necesariamente presentes en el área de Iguala): ocelote (*Leopardus pardalis*), tigrillo (*Leopardus wiedii*; considerada en peligro de extinción por la IUCN [2010]), gato montés (*Lynx rufus*), puma (*Puma concolor*) y jaguar (*Panthera onca*), debiendo considerarse que todos menos el tigrillo se incluyen en la IUCN (lista roja de especies amenazadas) como especies que disminuyen cada año su número poblacional y que son animales que evitan cualquier sitio donde se detecte actividad humana, por tal razón no se les encuentra cerca de poblaciones o ciudades (Aranda, 2012; http://www.iucnredlist.org/).

Dentro de los animales que sí utilizan el carroñeo de manera ocasional o frecuente y se encuentran registrados en el estado de

Guerrero y que, debido al conocimiento etológico que se tiene de ellos, se descartan como los causantes del desollamiento, se mencionan a: las aves carroñeras, éstas no sólo no poseen dientes caninos, sino que presentan una actividad completamente diurna, teniendo su máxima actividad durante el mediodía. Dentro de la familia *Didelphidae* se encuentran los tlacuaches (*Didelphis sp.*), quienes tampoco presentan dientes caninos. Dentro de la familia *Mustelidae* encontramos al hurón (*Mustela frenata*), el cual aunque presenta dientes caninos no es común que siga los caminos y veredas del hombre. Dentro de la familia Procyonidae se encuentra el mapache (*Procyon lotor*), que desgarra y arranca pedazos de carne con sus manos, sin realizar cortes precisos; y el coatí o tejón (*Nasua narica*), un animal social de hábitos completamente diurnos que no realiza actividades durante la noche. Dentro de la familia *Canidae* se encuentran: el coyote (*Canis latrans*), la zorra gris (*Urocyon cinereoargenteus*) y el perro doméstico (*Canis familiaris*) (Butler y Du Toit, 2002; Aranda, 2012).

Los perros domésticos son quizá el carnívoro más numeroso en la actualidad. De acuerdo a Butler y Du Toit (2002), investigadores que realizaron un estudio acerca de la dieta y comportamiento carroñero de perros domésticos que deambulan libres, mencionan que los perros son principalmente carroñeros de desperdicios humanos (como materia fecal y maíz) y de desperdicios de vacas, borregos y cabras; como es el caso de la mayoría de las poblaciones de perros ferales que deambulan libremente en Italia, Norteamérica, Bengala, el sureste de Asia y Alaska. No obstante, se debe considerar que la forma de alimentación de los cánidos (incluyendo el coyote, la zorra y el perro), al alimentarse de carne necesitan sujetar con su hocico, detener con alguna de sus patas anteriores y jalar, lo que provoca el desgarre de los tejidos e imposibilita los cortes precisos de piel y músculo, sin mencionar los rastros de huellas que un animal al alimentarse de tal manera deja sobre y alrededor del área donde se encuentran los restos.

Finalmente, considerando otra fauna introducida de manera antropogénica (además del perro doméstico) se toma en cuenta a los gatos (*Felis silvestris catus*) y a las ratas (*Rattus sp.*), de los cuales sólo los primeros presentan dientes caninos, por lo que se descartan de inmediato a las segundas. Los gatos también carecen de la posibilidad de realizar cortes precisos, y aunque claramente pueden morder pedazos de piel, cartílago y hueso, han de dejar marcas en el hueso o evidencia de huesos triturados, así como pelos, rastros de saliva y de huellas sobre los restos mortales, por lo que un análisis profesional debería incluir un estudio de la intervención secundaria de determinados agentes biológicos, considerando que ningún animal silvestre o introducido antropogénicamente es capaz de realizar cortes precisos de piel y de acuerdo a la literatura ninguno de ellos elige la cabeza de otros animales como primera estrategia dentro de la maximización individual de la ingesta de nutrientes.

CITAS:

Aranda SJM (2012) *Manual para el rastreo de mamíferos silvestres de México.* Comisión Nacional para el Conocimiento y Uso de la Biodiversidad (Conabio). México.

Butler JRA and Du Toit JT (2002) *Diet of free-ranging domestic dogs (Canis familiaris) in rural Zimbabwe: implications for wild scavengers on the periphery of wildlife reserves.* Animal Conservation, 5, 29-37.

Curio E (1976) *The ethology of predation. Zoophysiology and Ecology,* 7, 252 pp.

DeVault TL, Shivik JA and Rhodes Jr. OE (2003) *Scavenging by vertebrates: behavioral, ecological, and evolutionary perspectives on an important energy transfer pathway in terrestrial ecosystems.* OIKOS, 102: 225-234. http://www.iucnredlist.org/.

Al margen de lo anterior, debemos considerar que hay antecedentes recientes del desuello que practican grupos criminales en Guerrero. Sólo por mencionar un caso: en junio de 2011 el agente de policía Trinidad Zamora Rojo confesó que él y otros policías victimaron a tiros, por instrucciones del entonces gobernador Zeferino Torreblanca, al político Armando Chavarría Barrera (agosto de 2009), militante perredista considerado el candidato más sólido para ganar las elecciones de 2011 y gobernar el estado. En vez de ser castigado por ese delito, Zamora fue nombrado comandante en Chilapa. El mismo día en que tomaba posesión fue secuestrado por un grupo criminal y nadie acudió en su auxilio.

El cuerpo de Zamora Rojo aparecería en una carretera "desollado y decapitado, con los dedos de la mano mutilados dentro de la boca", describe Open Society Justice Initiative (Iniciativa de Justicia de la Fundación para una Sociedad Abierta), que tiene presencia en varios países del mundo, en un reporte que dio a conocer en 2015, llamado *Justicia fallida en el estado de Guerrero*, en cuya elaboración incorporó experiencias y aportaciones de estudios similares realizados en el Congo, Uganda y Kenia.

Por si alguien guarda esperanzas de que termine pronto la impunidad, mientras escribo estas líneas Chilapa cambió de rostro: llegaron multitud de hombres armados, ostentándose como presuntos grupos de autodefensas. Eran simple y sencillamente sicarios de Los Ardillos y los Rojos, grupos contrarios y confrontados con los Guerreros Unidos. Se apoderaron durante casi una semana del pueblo y dejaron una secuela de desaparecidos (¿16, 18, 30?, nadie lo sabe porque muchos familiares están amenazados si hablan con claridad). Esto ocurrió comenzando el mes de mayo de 2015. Cuatro meses después no se sabía adónde fueron llevados casi exclusivamente jóvenes y adolescentes "levantados" por esa autoridad espuria, con el rostro cubierto, permitida y consentida por la autoridad oficial.

Detrás de los pañuelos y las máscaras, detrás de la falsa apariencia de autodefensas y de los paliacates, los verdaderos rostros pertenecían a la delincuencia organizada y armada, impune y protegida, la que ha producido una "generación de nuevos desaparecidos", poco más de 100 en los cinco años recientes, según sus familiares, que hacen intentos por organizarse.

También en Cocula hay gran cantidad de desaparecidos. Pero muy contraria a la actitud del alcalde de Iguala, José Luis Abarca, preso bajo acusaciones de homicidio, delincuencia organizada y presuntamente por pertenecer al cártel de Guerreros Unidos, el presidente municipal de Cocula, César Miguel Peñaloza Santana, ha denunciado en múltiples ocasiones los intentos de invasión de la criminalidad en su municipio, las emboscadas, los asesinatos y los secuestros de ciudadanos.

Aunque la PGR lo ha querido acusar de los desmanes de sus policías, que en la noche del 26 de septiembre de 2014 fueron en auxilio de los de Iguala, Peñaloza pudo probar ante las autoridades que él formalizó denuncias, en su momento, ante el propio gobernador Ángel Aguirre, por la violencia extrema y los "levantones" por parte de la delincuencia, como los 17 secuestrados que hubo en Cocula, Apango, Puente Río San Juan y Vicente Guerrero, en julio de 2013, mientras el gobierno estatal decía que solamente eran seis.

En una ocasión elementos de su policía fueron a comunidades del norte del municipio y se toparon con un retén de individuos vestidos de soldados, pero "traían huaraches", lo que denotaba que eran falsos militares. Este grupo, al retirarse, asesinó al entonces director de Seguridad Municipal. Ése era el clima de impunidad que se vivía en la región.

El alcalde tuvo que pedir ayuda estatal tras el secuestro de 14 habitantes de Apipilulco y Atlixtlac que los familiares no denunciaron por temor. Esto ocurrió en mayo de 2013, pero lo hizo del conocimiento al gobierno de Guerrero. Una compañía minera que daba empleo a comunitarios de Nuevo Balsas, Real de Limón, Fundición y Atzcala tuvo que cerrar por la violencia imperante en la zona. Llegaron elementos del Ejército para garantizar las actividades de esa empresa.

"Yo mismo fui objeto de una emboscada en la comunidad de Las Mesas por parte de la delincuencia organizada, pero afortunadamente salí bien librado. Así como éstos ha habido diversos eventos en los que nos hemos visto en la necesidad de solicitar el apoyo de elementos estatales, federales e inclusive de los militares… pero, desafortunadamente, pasado el evento nos dejan solos" otra vez.

A la alcaldía se presentaron dos individuos, le contó el alcalde al agente del Ministerio Público federal. Dijeron ser de los Guerreros Unidos y exigían el cambio de patrullas municipales, porque ya eran viejas e inseguras y así "ya no nos sirven". El alcalde Peñaloza Santana dijo claramente ante la PGR que él no metería las manos al fuego por ningún miembro de la Secretaría de Seguridad Pública de Cocula. El director, Salvador Bravo Bárcenas, tenía dos comandantes bajo su mando, César Nava González e Ignacio Aceves Rosales, "de quienes de seis meses a la fecha se han escuchado fuertes rumores de que ambos trabajan para la organización criminal Guerreros Unidos junto con varios de sus elementos […] y estos rumores se han ido incrementando debido a su comportamiento irreverente y sus frecuentes visitas a Iguala […] los pobladores han denunciado abuso de autoridad…"

Si ellos participaron en el secuestro de los normalistas, "deberán ser procesados por ese y otros delitos por los que resulten responsables", se deslindó el munícipe.

De la forma en que la delincuencia se apodera de los municipios habla el mismísimo director de Seguridad Pública de Cocula, Salvador Bravo Bárcenas, quien describe cómo fue desplazado de sus funciones por César Nava González, su subordinado, quien amenazó con matar a su familia.

Un día lo llevó al banco de armas, junto a su oficina, y le habló en el tono en que se expresan los mafiosos:

"Mira, Bárcenas, a partir de este momento yo voy a tomar las decisiones de la Policía", a lo que le contesté: "¿Por qué, si yo era el director?", a lo que César Nava me respondió textualmente: "Esto es lo que más te conviene, ya tengo ubicada a tu familia". En ese momento me enseñó unas fotos en su celular de mi casa y de mis hijos, situación que me atemorizó bastante. Me indicó que todo el día me estuviera en la oficina y él haría todo el trabajo. Jamás me indicó a quién le iba a reportar sus acciones y así fue como me deslindé, por temor a las represalias de César Nava, de la dirección de la Policía Ministerial de Cocula, por lo cual todo el personal de la comandancia ya no se reportaba conmigo sino con César Nava.

Esto ocurría en julio de 2013. Apenas un mes antes había sido contratado César Nava. Esta situación tan irregular y peligrosa "me obligó a darle aviso al comandante del 27 Batallón y le expliqué lo que pasaba. El comandante del batallón me dijo textualmente: 'Tú no te preocupes, yo me voy a hacer cargo a ver qué pasa'".

Una semana después llegaron los militares y salieron con Nava y sus más cercanos colaboradores: Ismael Palma Mena, Pedro

Flores Ocampo, Ignacio Aceves Rosales y Jesús Parra Arroyo. "En ese momento pensé que por fin se habían llevado a César Nava y a su gente, pero no fue así", porque los militares y los policías regresaron juntos y sonrientes, como si nada, y así continuaron operando estos representantes de la delincuencia en Cocula, sin reportarle nada al director, que siguió en el puesto pero sólo como una simple figura decorativa.

Por lo que hace al otro cuerpo policial al servicio de la delincuencia, el llamado grupo de reacción inmediata "Los Bélicos", de Iguala, tienen nombre y apellido. Este comando especial se apropió de las funciones de grupo de élite para estar, en realidad, al servicio de los Guerreros Unidos, el cual les daba un sobresueldo extra. He aquí una lista de "Los Bélicos" construida con los testimonios de varios declarantes:

Francisco Salgado Valladares, director de Seguridad Pública de Iguala, quien siempre era acompañado por seis policías-sicarios; también el jefe Alejandro Tenexcalco (prófugo); el secretario de Seguridad Pública, Felipe Flores Velázquez (prófugo), y su escolta *el Hummer*; el comandante Héctor Aguilar, alias *el Chombo*; Leo Dan Pineda Fuentes, Alejandro Lara *el Comal*, Edgar Magdaleno Navarro *el Patachín*, Santiago Socorro Mazón Cedillo, Christian Rafael Guerrero, *el Taxco* de apellido Vieyra; *la Sombra* Carreto Pérez, Juan Carlos Delgado *el Toxicológico* o *el Capulina*, Alejandro Mejía Meza *el Granito de Oro*, *el Cabañitas* por su apellido Cabañas, Uribel Cuevas *el Gordo*, Agustín Cuevas *el Quequis* o *el Quijadas*; Alejandro Mota Román; el comandante Ignacio Aceves *el Nacho*; Óscar Rodríguez *el Oscarín*; Mario Cervantes Contreras, Arturo Calvario, Eliezer Ávila Toribio, Hugo Salgado Wences, Víctor Pizaña Contreras, Reynaldo Leonardo Fuentes, Antonio Pérez Rosas, Iván Armando Hurtado, Álvaro Ramírez Vázquez, Emilio Torres Quezada, Alejandro

Andrade de la Cruz, José Ulises Bernabé García, Zulaid Marino Rodríguez, el comandante Tinoco, Erik Ernesto Castro Bautista, Luis Francisco Martínez Díaz, José Jorge Soto López, Ezequiel Nava Beltrán, Abraham Julián Acevedo Popoca y Neftalí Pérez *el Pan Crudo*.

Cuando estaba rindiendo testimonio ante la autoridad y ya había sido incluido en la lista de "Los Bélicos", Santiago Socorro Mazón Cedillo paró en seco, pudo hablar con su defensor de oficio y regresó para negar haber pertenecido a ese grupo de reacción inmediata dependiente del director de Seguridad Pública. Agregó, sobre la desaparición de los normalistas: "No sé nada al respecto. Sólo me consta que estos estudiantes se dedican a pedir dinero a los automovilistas particulares y de autobuses en la carretera, a los que muchas veces les brindábamos seguridad; a pesar de que esta actividad de los estudiantes siempre era de manera pacífica, estábamos un rato donde se encontraban y luego nos retirábamos".

Nunca antes se atacó, y menos a balazos, a normalistas por solamente apoderarse temporalmente de autobuses. Pero en septiembre de 2014 se les criminalizó de muchas maneras y se les colocó en la mira de policías y pistoleros civiles: que si encubrían a sicarios de los Rojos, que si iba gente armada con ellos, que si pretendían atacar el acto en que la señora María de los Ángeles Pineda Villa rendía el informe del DIF y con el cual arrancaba su carrera para ser alcaldesa. Nada de eso ocurrió ni estaba en los planes de los estudiantes, pero se actuó contra ellos como si fueran delincuentes enemigos a los que había que eliminar con toda la violencia de que hizo gala esa dupla de policías y comandos armados de Guerreros Unidos.

3

Buenos samaritanos

Ninguno de ustedes es Philip Seymour Hoffman y tal vez tampoco ha leído a Truman Capote. Menos soñó alguno de entre toda esta masa humana irregular que hoy pulula por callejones inmundos en ganarse el Oscar por haber interpretado magistralmente al escritor de *Desayuno en Tiffany's* y de *A sangre fría* en la película que dirigió Bennet Miller en 2004.

En todo caso ni tú ni tus acompañantes nocturnos en esas zonas oscuras de Los Ángeles, California, se molestan en esconderse cuando *a sangre fría* se clavan la jeringuilla en las venas del brazo, artificialmente hinchadas mediante una vieja liga, apenas se diluyen las últimas burbujas de ese hervidero de heroína en esa cuchara una y otra vez recalentada sobre una veladora.

Hoffman tenía los suficientes millones para comprar Oxy-Contin, OxyCodone, Metadona o Vicodin, fármacos teóricamente "seguros" porque se venden sólo mediante receta y cuestan unos 140 dólares, en vez de los 10 que hay que desembolsar por una dosis de heroína callejera, de cuya calidad nadie responde porque te la mezclan con fentanil, ya de por sí fuerte porque se usa para aminorar el dolor en pacientes con cáncer. Hay mezclas explosivas que nadie controla. Nunca sabes qué otras sustancias vienen en el coctel y hasta los que se creen expertos pueden sufrir al azar una sobredosis mortal.

Pero, paradojas de la muerte lenta que pugna por acelerarse, muchos le entran, por propia voluntad, directo al peligro: no ignoras que para algunos adictos de Boston, Los Ángeles o Miami esa posibilidad en vez de ahuyentarlos los excita, los incita y los invita a jugarse la vida en una especie de ruleta rusa, pero no con balas, sino con hipodérmicas.

Por cierto, esta noche pasaron por aquí las brigadas voluntarias que reparten gratuitamente jeringas nuevas, esterilizadas. En teoría, con tan generosa y colectiva donación, hoy a nadie se le va a transmitir el mortal VIH-sida ni la igualmente fatal hepatitis. Hipotéticamente esto no va a ocurrir en las siguientes horas, porque no hay necesidad de compartir jeringuillas. Es la caritativa intención de brigadistas que son como santos laicos (se autodenominan *samaritanos*), quienes siguen aventurándose en los barrios marginales para ayudar a los adictos como tú. Siguen trabajando como hormiguitas, pero dejaron muy atrás la filosofía de hace más de una década con base en la cual apoyaban con hipodérmicas a los adictos, con un tinte de discriminación casi exclusivamente a los de las cuatro "H": homosexuales, hemofílicos, heroinómanos, haitianos.

Ellos saben muy bien, y así lo difunden en su página oficial, la de la Drug Policy Alliance (DPA, una organización que paralelamente aboga para que cese la absurda y fracasada "guerra contra las drogas"), que en 2013 murieron por sobredosis de drogas 43 982 personas en Estados Unidos.

Un promedio de 120 personas fallecidas por esa causa cada día. Se dice fácil: cinco por hora; una cada 12 minutos.

Los *samaritanos* creen que es posible explorar vías alternativas en el tema de las drogas. Condición *sine qua non*: que las políticas estén bien cimentadas "en principios de la salud, la ciencia y los derechos humanos" y no en la mera persecución policial.

Un diagnóstico con el que ellos explican a su país de adictos podría servir también de análisis para explicarnos lo que ha ocurrido en la última década en el productor vecino del sur, México, y también tomar lección para modificar políticas públicas en la nación donde se produce la droga. Y es que la DPA concluye, sin rodeos, que ya han transcurrido más de 40 años de la guerra contra las drogas en Estados Unidos, desde que la declaró Richard Nixon, y en todo este tiempo ni el consumo ni la oferta de estas sustancias consideradas ilícitas ha descendido, "a pesar de haber gastado el gobierno de Washington más de un millón de millones de dólares y de haber encarcelado a millones de personas por delitos no violentos relacionados con las drogas. ¿Resultado de estas políticas? Miles de familias divididas, vidas destrozadas y personas asesinadas con violencia, encarceladas, víctimas de sobredosis y enfermedades prevenibles".

Traducido al nivel mexicano, el gasto para el mismo fin en nueve años, desde 2006 hasta 2015, rebasa el millón de millones de pesos y el resultado catastrófico son unos 150 mil muertos con violencia, más de 30 mil desaparecidos, más de un millón y medio de desplazados.

Semejante tragedia humana no obsta para que conste que hay mucha más droga en México este 2015 que en 2006. Ése es un crimen con nulas explicaciones oficiales. Gracias a políticas oficiales que drásticamente dejaron de fumigar sembradíos ilícitos vía aérea, lejos de disminuir un ápice la producción y el tráfico de todo tipo de drogas, se han multiplicado de manera exponencial las sustancias ilícitas disponibles que se producen en territorio mexicano (mariguana, heroína y drogas sintéticas) y además continúan entrando anualmente a la República mexicana, en flujos aéreos, marinos y terrestres, varios cientos de toneladas de cocaína que viajan desde Sudamérica (no sólo Colombia, sino Perú y Bolivia) hasta aquí para ser distribuidas hacia la potencia del norte y desde este México-bodega, país-trampolín, ruta segura, laboratorio de los cortes que multiplican las ganancias, control de calidad, viajan también hacia Europa, África, Asia y Australia.

El gobierno de Estados Unidos, con ese y otros pretextos, deporta anualmente a más de 40 mil migrantes latinos "por delitos no violentos" pero ligados a drogas: "Latinos y latinas, en particular comunidades migrantes, sufren desproporcionadamente las consecuencias de la guerra contra las drogas en Estados Unidos, sobre todo cuando se aplican con sesgo racista las leyes antidrogas". Aunque los latinos representan 16% de la población estadounidense, estos mismos ciudadanos suman más de 21% de todos los que están en prisiones por drogas.

Por eso es posible que un pragmático magnate ultraderechista como Donald Trump, aspirante a gobernar Estados Unidos, se atreviera a pronunciar una frase como ésta, en junio, cuando anunciaba que se lanzaría a buscar la presidencia: "Los mexicanos están enviando gente que tiene muchos problemas. Nos están enviando sus problemas. Traen drogas, son violadores, y algunos supongo que serán buena gente…"

Durante el debate de precandidatos republicanos a la presidencia de Estados Unidos, el jueves 6 de agosto, Trump reiteraba: "Nuestros políticos son estúpidos. Y el gobierno de México es mucho más inteligente, mucho más astuto. Nos mandan a los malos porque no quieren lidiar con ellos. No quieren hacerse cargo. ¿Para qué, si los estúpidos líderes de Estados Unidos pueden hacerlo?"

Los *samaritanos* exigen transitar desde una óptica de criminalización y castigo, en el caso de las drogas, hacia nuevas perspectivas orientadas a la salud. Hay que buscar alternativas a la prohibición, "incluyendo varias formas de despenalización y regulación, para crear soluciones que reduzcan tanto los daños por el abuso de drogas, como también los que causa la prohibición en sí, como delitos de lesiones, homicidios y robos relacionados. Hasta hoy los miles de millones de dólares que se invierten en la guerra prohibicionista no han producido resultado alguno. Ese dinero podría invertirse con provecho verdadero en salud, educación y seguridad humana en las comunidades", dicen respecto de Estados Unidos. La misma conclusión podría extraerse de la fingida lucha antinarco de los mexicanos.

Visto con mirada optimista, el crecimiento de un movimiento nacional para prevenir muertes por sobredosis en Estados Unidos ha avanzado a pasos agigantados en numerosos estados, en universidades, entre policías, médicos, enfermeros, en escuelas y hospitales

El movimiento es muy reciente. Apenas en 2007 se aprobó en Nuevo México la primera llamada Ley 911 Buen Samaritano. Ya se sumó otra veintena de estados a esta iniciativa que nace y parte de considerar el consumo de drogas como un problema de salud, porque lo contrario conlleva el riesgo de seguir provocando muertes por sobredosis. No es un asunto criminal, de persecución, cárcel, tortura y criminalización contra los adictos.

En menos de ocho años ya se adoptaron estas leyes en Alaska, California, Colorado, Connecticut, Delaware, Florida, Georgia, Illinois, Luisiana, Maryland, Massachusetts, Minnesota, Nueva Jersey, Nueva York, Carolina del Norte, Pennsylvania, Rhode Island, Vermont, Washington y Wisconsin, el distrito de Columbia.

Igualmente ya fueron adoptadas políticas de 911 Buen Samaritano en más de 90 universidades de la Unión Americana.

Claro que según una encuesta de 2010 en el estado de Washington, fronterizo con Canadá, casi la totalidad de los policías y los paramédicos no tenía la menor idea de lo que era una ley de este tipo, que cuesta introducir en la mentalidad y en los métodos policiales casi tanto trabajo como convencer a los agentes de policía, a fiscales del Ministerio Público y jueces que deben respetar la integridad y los derechos humanos de los detenidos.

Puesto que la solidaridad no se da en maceta, como decían las abuelas, tienen que hacerse juramentos policiales y ofrecerse garantías de que ninguna consecuencia negativa sufrirá quien llama pidiendo auxilio para que alguien sumamente alcoholizado o drogado sea atendido cuando requiere ayuda por obvia sobredosis. "Las leyes de inmunidad 911 Buen Samaritano protegen de arrestos o persecución a los testigos que llaman al 911 y a las propias víctimas de sobredosis", siempre y cuando no estén comercializando drogas.

"Se trata de una política que prioriza el salvar vidas, en vez de incrementar los arrestos por posesión." Suena maravilloso en el papel y en la teoría, pero hay que entrenar a las fuerzas de seguridad, a los equipos de respuesta y a los integrantes de urgencias médicas y personal de emergencia.

Son tan frecuentes las golpizas, los arrestos arbitrarios y hasta los asesinatos de ciudadanos por policías, quienes siempre alegan que iban a ser atacados, que la plausible intención de proteger a los adictos de sí mismos suena a utopía.

Los *samaritanos* vieron encenderse los focos rojos y, como impelidos por un resorte, comenzaron a multiplicar su membresía y a activar mecanismos más expeditos de atención en cuanto se enteraron de que las sobredosis por drogas producen más muertes que el VIH-sida, los homicidios o los accidentes automovilísticos.

Es curioso, pero la estadística indica que medicamentos adquiridos mediante recetas médicas han provocado más muertes por sobredosis que todas las drogas ilegales combinadas. ¿Qué quiere decir esto? Que el adicto se coloca al límite aun con drogas que se expenden institucionalmente.

"Opiáceos legales de venta controlada, como la Oxicodona y el Vicodin, encabezan el incremento de muertes por sobredosis a nivel nacional, causando más de 16 mil muertes en 2013." Se cumple más de una década desde que las muertes por opiáceos recetados han sobrepasado los decesos atribuidos a la heroína y a la cocaína juntas.

Cuando en algunos estados se ha tratado de restringir el acceso a los opioides conseguidos con receta médica, la evidencia indica que muchas personas farmacodependientes cambiaron sus medicamentos analgésicos tradicionales por heroína conseguida en las calles.

Y la tragedia consiste en corroborar que muchas de estas muertes pudieron haber sido prevenidas.

Si alguien sufre un ataque al corazón, cualquier persona debería animarse a llamar a un servicio de emergencia; pero si alguien se convulsiona o comienza a dejar de respirar por sobredosis, pocos marcan al 911. Es una cuestión de educación, de solidaridad, de apoyo desinteresado que los grupos de ayuda tienen años tratando de inculcar en los ciudadanos estadounidenses. "La razón más común por la cual se opta por no realizar un telefonema es por miedo a la intervención de las policías", concluye tajantemente la organización de los *samaritanos*.

Hay penas severas con cargos delictivos a quienes se supone que ayudaron a un adicto a drogarse. "El riesgo a la persecución criminal puede desalentar a médicos profesionales, usuarios de drogas o simples testigos que se aventuran a ayudar a víctimas de sobredosis."

Quienes auxilian pueden ser acusados de haber proporcionado drogas a alguien que después falleció por sobredosis. Hay leyes estatales más duras que otras y que infunden miedo a cualquier ciudadano, que prefiere abstenerse antes de buscar ayuda médica de emergencia.

El temor de ser arrestados invade inclusive los casos clarísimos de que quien requiere atención médica es un amigo o un familiar de quien solicita ayuda. Drug Policy Alliance lucha con denuedo, desde hace años, por leyes que específicamente eximan a testigos de ser arrestados o perseguidos, mediante "leyes de inmunidad 911 Buen Samaritano".

4

Vasto reino de la amapola

Desde escuincle, a la edad en la que otros comienzan a ir a la primaria, querido Adrián, me cuentas que aprendiste a herir el bulbo de la amapola. A hacerle cortes seguros, pero no exagerados, para que suelte su savia viscosa, que se va secando al contacto con el aire y con el sol y se convierte en goma de opio que tú recoges en una lata que estuvo llena de chiles, de atún, de jugo, de leche o de sardinas. Toda tu parentela ha vivido por décadas de la adormidera, de esa flor hermosísima que es la amapola. Ni tú ni nadie que trabaje la flor y tenga las manos pegajosas de tanto exprimirle el jugo conoce su nombre científico, y menos se lo endilga, aunque pomposamente se llame *papaver somniferum*.

Por allá, en la zona de abajo, está tu humilde casa, más cerca de Carrizal de Bravos que de Tlacotepec o de Chichihualco, donde abunda el buen mezcal. Tienes que caminar más de una hora para llegar a "trabajar" las flores de la adormidera. Ni siquiera deben preocuparse tú y tu familia de sacarle con cuidado las semillas, porque las traen tipos armados hasta dos veces por año y se las regalan o las cobran baratísimas a la hora de recoger la goma.

Tus pasos recorren brechas en la zona más productora y productiva de opiáceos en la República mexicana y en todo el continente americano. Solamente de una docena de municipios sale más goma de opio y más heroína de la que soñó producir

Colombia hace un par de décadas, cuando de la noche a la mañana los traficantes y los gobiernos de Estados Unidos y Colombia (siempre Washington detrás) le metieron el acelerador y el país sudamericano pasó de cero a más de 20 mil hectáreas de amapola, como puntualmente recuerda Alonso Salazar en su novela *La parábola de Pablo*, luego convertida en serie televisiva rebautizada como *Pablo Escobar: El patrón del mal*.

Hoy el país sudamericano ya no es ni la sombra de lo productor que fue de goma de opio en los años noventa, no hace tanto tiempo, gracias a la conveniencia y a los designios, decíamos, de Estados Unidos y de un sumiso gobierno colombiano. México, según la Organización de las Naciones Unidas (ONU), hoy produce 30 veces más heroína que Colombia y ya la desbancó como surtidor principal para los adictos gringos, que por cientos de miles van poco a poco abandonando la cocaína y volviendo al estimulante derivado del opio que tuvo un *boom* en los años sesenta y setenta del siglo pasado. Si Colombia sacara hoy ocho toneladas de heroína, México tiene capacidad para más de 240.

El negocio de la heroína mexicana potencialmente puede alcanzar más de 30 mil millones de dólares, debido a las extensiones pobladas de amapola, aunque en este 2014-2015 la ganancia se sitúa por allí "sólo cerca" de los 17 mil millones de billetes verdes, según la autoridad.

Además de que creció de manera exponencial la superficie sembrada de adormidera, se requieren ya menos hectáreas (46 en vez de 72, calculan los expertos internacionales) para producir una tonelada de heroína.

La capacidad de destrucción de plantíos, a mano, por piquetes de soldados, está muy lejos de alcanzar la velocidad y la extensión con la que crecen los campos amapoleros a los cuales se dejó de fumigar con paraquat y otros herbicidas desde las postrimerías del sexenio de Vicente Fox, inacción que se mantuvo durante toda la administración de Felipe Calderón y está cumpliéndose el tercer año de Enrique Peña Nieto sin que haya aspersión aérea sobre cultivos ilícitos desde aviones y helicópteros, por lo cual la República mexicana está, más que nunca, tapizada de mariguana y adormidera.

La cifra de 12 mil hectáreas, aceptada por la ONU como la sembrada con adormidera en México anualmente, es contradictoria con las acciones de destrucción de plantíos que reportan el Ejército, la Marina y la PGR: hasta más de 30 mil hectáreas erradicadas de mariguana y más de 20 mil de amapola cada año han llegado a presumir en información que puede retomarse de informes presidenciales. Entonces no es difícil concluir: hay un subregistro de las superficies reales de amapola que se cultivan en México o hay una exageración de los logros de destrucción, ahora exclusivamente a mano, por miles de soldados comisionados para esa complicada tarea.

Es revelador un dato ofrecido por la organización InSight-Crime: México pasó de tener 5 050 hectáreas sembradas de esa flor en 1995 a 19 500 hectáreas en 2009. Si según la ONU México supera 30 veces la producción anual de Colombia, se requieren mucho más de las 12 mil hectáreas de adormidera que se atribuye en organismos internacionales especializados a la República mexicana.

Adrián, ya a punto de entrar en la adolescencia, no tiene que preocuparse de que una avioneta lo divise ni que luego venga un helicóptero y lance veneno para matar sus preciosas flores moradas —ahora las hay también blancas y amarillas o rosa suave, que dicen que llegaron de Afganistán y producen más goma de opio que las violáceas— y así dejarlas inservibles.

¿Cómo te explico para que entiendas la monstruosidad criminal de este "dejar hacer-dejar pasar" de por lo menos los últimos nueve años para que México produzca hoy más del doble de *cannabis* y varias veces más goma de opio y heroína de la que aquí se obtenía antes de la guerra fingida de Calderón?

Fingida, fallida, torpe e inútil, digo yo, porque la absurda guerra, el equívoco combate, la destrucción selectiva, los decomisos azarosos, las quemas propagandísticas en espectaculares fogatas con toda la prensa presente no dieron como resultado la disminución de superficies de plantíos ilícitos ni de las cosechas, pues duplicamos la producción de mariguana y multiplicamos por seis la de goma de opio.

Luego entonces hubo unos 150 mil mexicanos asesinados en vano. Hubo decenas de miles de desaparecidos, aunque se echen la bolita de las cifras autoridades que han sido rebasadas por tan macabra realidad.

Suman millón y medio de desplazados por la violencia de sus lugares de origen, aunque nadie siquiera voltee a verlos ni los mencione, mientras surge la ominosa amenaza de que, en un futuro muy cercano, los echarán de sus comunidades la explotación del petróleo, el *fracking*, la proliferación de las mineras, además de los mismos grupos de delincuencia organizada que lo han venido haciendo en años recientes.

Decenas de miles de migrantes centroamericanos también fueron asesinados aquí durante ese su calvario en suelo mexicano en busca de trabajo en Estados Unidos.

Ésta es la tragedia nacida de múltiples aristas, que desemboca en una inenarrable suma de horrores, en un país donde todos los días aparecen cadáveres en fosas clandestinas.

¿Y la droga? Con pujanza, fortaleza y prosperidad permitidas. Con proliferación histórica, consentida en crecientes territorios.

Somos ya campeones en la producción de mariguana, opiáceos (goma de opio, morfina, heroína); somos inclusive exportadores de drogas sintéticas (metanfetaminas, éxtasis, ice, cristal, entre las más de 300 conocidas, como *spice, N-bombe, K2*, algunas de las cuales con diseño tan reciente que ni siquiera han sido prohibidas en México, en Estados Unidos o en Europa).

Pero nos convertimos, además, en los más calificados expertos en comerciar toneladas de cocaína que Sudamérica produce para, una vez almacenada aquí o temporalmente en Centroamérica, distribuirla de manera eficaz por todos los continentes, en alianza con los colombianos o —fenómeno cada vez más común— inclusive sustituyéndolos en el comercio mundial de la sustancia ilícita que históricamente ellos mismos producen.

El colmo —si es que puede haber colmos en este panorama sombrío— es que en Guerrero, particularmente en Iguala, se transitó de la "relativa paz" del monopolio de un cártel (el de los Beltrán Leyva) a una "competencia caótica", en la que la ambición de grupos minúsculos de traficantes escaló de forma desmesurada. Funcionarios del sistema de justicia y gobernantes se encontraron "inducidos o presionados a colaborar" y también "vulnerables a represalias de organizaciones rivales".

Para desgracia de pueblos y comunidades, "la respuesta de los funcionarios ha sido simplemente abandonar sus responsabilidades y ceder el control sobre comunidades enteras a organizaciones criminales o a ciudadanos hastiados que han formado sus propias policías comunitarias", concluye el ya citado reporte de Open Society, que estudia México desde hace tres lustros.

La organización describe en un solo párrafo eso que llama "justicia fallida":

El sistema de justicia de Guerrero está desgastado desde hace mucho tiempo. Los acontecimientos de septiembre de 2014 [a los que siempre se nombra como "atrocidades"] revelaron rasgos de cacicazgo, autoritarismo, criminalidad, corrupción, impunidad descarada e incompetencia. El repentino desmoronamiento del sistema, que ocurrió a la vista de México y del mundo entero, provocó protestas y representó la posibilidad de inestabilidad política. Pero también pudo haber representado una oportunidad.

5

Una dosis para Nueva York

Todo el mundo se equivoca alguna vez. Pero muchos mienten deliberadamente al ritmo de la propaganda y de los resultados mediáticos calculados. Eso no ocurre sólo en México, sino en cualquier lugar del mundo y, evidentemente, en Estados Unidos.

Bridget Brennan se exhibió como alguien que llegó a ocupar la responsabilidad de fiscal especial antinarcóticos de Nueva York sin haber aprobado matemáticas en las escuelas por las que pasó, porque lanzó esta escandalosa frase cuando la DEA incautó 70 kilogramos de heroína pura que eran transportados en dos vehículos de Montville, Nueva Jersey, al Bronx neoyorquino: "Para poner las cosas en perspectiva, este cargamento era tan grande que contaba con el potencial de proveer de una dosis a cada hombre, mujer y niño de la ciudad", proclamaba este funcionario en un comunicado conjunto con la propia DEA.

Me imaginé a un Genaro García Luna remasterizado presentando un *show* mediático, frente a un helicóptero *Black Hawk* y ensalzando los triunfos de su jefe Felipe Calderón, en la anterior administración presidencial mexicana de triste y violenta memoria. Pero esto que refiero ocurría en Nueva York, en otra circunstancia, aunque, a diferencia de la costumbre mexicana, nadie ensalzara explícitamente al presidente Barack Obama en ese acto. Era el 19 de mayo de 2015, casi siete meses después de la desaparición de 43 estudiantes normalistas mexicanos en Iguala, Guerrero.

¿Por qué México, por qué Iguala me viene a la mente con esa noticia neoyorquina? Porque el corazón del tráfico de opio y heroína de todo el territorio americano está ahí, en ese Triángulo de las Bermudas donde fueron desaparecidos 43 jóvenes que estudiaban para ser maestros rurales. Desde Guerrero viaja la droga para satisfacer el apetito de los heroinómanos estadounidenses: los que la inhalan, los que la fuman, los que se la inyectan, los que la tragan en forma de medicamentos de patente, para lo cual tienen que obtener ilegalmente una receta legal (en 150 dólares al menos) y comprar los fármacos a precios que ya son inalcanzables para muchos.

La afirmación de Brennan era solamente una bomba mediática, sorprendente por exagerada, pues si Pitágoras hubiese sido agente antidrogas habría soltado un cálculo de ese calibre solamente si la heroína incautada hubiese sobrepasado los 700 kilogramos.

Un cero hace una enorme diferencia. Y más si se trata de colocarle precio al menudeo y alcance al consumo individual a la heroína.

Las cuentas claras. Démonos cuenta de la realidad.

Setenta kilos son 70 mil gramos. Un gramo, ya con sustancias adicionadas, algunas inocuas y otras potencialmente mortales, puede dividirse en 10. Es decir, una dosis personal para ser colocada y vendida en el mercado negro estadounidense equivaldría a un décimo de gramo, que puede negociarse en las calles entre 10 y 15 dólares, en promedio. En eso se tasa ahora, a mediados de 2015, porque los precios y las preferencias varían en cuestión de meses, sobre todo reguladas por la oferta y la demanda, cuya palanca está en manos de la DEA, ni más ni menos.

¿O alguien finge ignorar lo que significa la inicial *A* de la DEA? Justamente *administration*.

El cargamento decomisado habría alcanzado, en la realidad numérica, a unos 700 mil pobladores neoyorquinos y tal vez a algunos miles más, según los cortes o las mezclas que hacen los distribuidores al menudeo cuando adicionan la droga para hacerla asequible al mercado. Parece que al fiscal Brennan le faltó un cero en sus cálculos para que diera la ecuación planteada: 700 kilogramos (y no 70) de heroína o una población neoyorquina de menos de un millón de habitantes, cuando sabemos que suma varios millones de hombres, mujeres y niños.

La exageración en cuanto a la cantidad estuvo acompañada de una evidente sobrevaloración del precio real vigente en el mercado. La cantidad de 70 kilogramos fue tasada por la autoridad en el mismo comunicado en "al menos 50 millones de dólares".

Aunque yo no soy quién para corregirle la plana a la DEA y al señor Brennan, cualquier ciudadano que consulte los precios de la heroína a punto de ser entregada a los adictos sabrá que 100 dólares por gramo es una cantidad conservadora, que algunos quizá hasta duplican, y por tanto habría que hacer cálculos sobre 100 o 200 dólares por gramo.

Aun así, otra vez Pitágoras, ahora en funciones de incautador de droga, tendría que concluir que 70 kilogramos (multiplicados por 1 000 para hacer gramos y otra vez por 100 para obtener dólares) representan un equivalente a siete millones de dólares, si acaso. Y hasta 14 millones si el precio atribuible es de 200 dólares por gramo. No hay más. Que la DEA y Brennan hablen de 50 millones no pasa de ser una estratagema publicitaria engañabobos que no convence a una opinión pública mínimamente informada.

Pero no se trató solamente de exagerar precios y potencial de un número irreal de adictos hipotéticamente encapsulados en 70 kilogramos de heroína, sino de criminalizar a los presuntos introductores de la droga. Fue el cártel de Sinaloa el que la introdujo, otra vez, acusó el gobierno de Estados Unidos. Esta vez lo hizo con 70 kilogramos, semejante cantidad a la que "cada mes" logran meter los de Sinaloa, para venderlos en Connecticut, Massachusetts, Pensilvania, Rhode Island, Nueva Jersey y Nueva York, se dijo.

Los traficantes fueron detenidos e identificados como José Mercedes y Yenci Cruz Francisco. Los dos habían viajado a Montville y regresaban al Bronx, donde ya los aguardaban agentes de la DEA con un perro adiestrado para detectar presencia de drogas, uno de esos canes adictos a fuerza de ser entrenados, muchas veces más eficientes que los hombres y los rayos X.

Presionados al extremo —¿somos creyentes de que la tortura existe como práctica consuetudinaria en Estados Unidos, más allá de los ultracomprobados casos de Abu Ghraib y de Guantánamo?, ¿o de verdad se les recitan sus derechos a los aprehendidos, son esposados y luego ya nadie les toca un pelo, aunque sean despreciables latinos?—, los dos detenidos mexicanos delataron "voluntariamente" el domicilio donde la organización tenía dos millones de dólares en efectivo en un compartimento (los colombianos denominan a estos espacios "caletas") bajo el suelo.

Todo el operativo se descubrió con antelación mediante intervenciones a llamadas telefónicas de los presuntos narcotraficantes, quienes recibirían un "enorme cargamento" de drogas. De ahí se dio el seguimiento de los sospechosos que iban en dos vehículos, los cuales llegaron a la zona industrial de Montville, Nueva Jersey, a visitar a sus socios en casas rodantes.

Ya de regreso en el Bronx, el perro alertó sobre la droga. Los detenidos, enseguida, confesaron que había más heroína en compartimientos ocultos de dos vehículos, llamados "clavos" en el argot de los traficantes.

Esta metodología de los "clavos" es tan antigua como la imaginación y el ingenio de los traficantes. Por citar un caso emblemático de hace siete décadas, el 25 de junio de 1946, en la aduana de Laredo, Texas, agentes aduanales descubrieron 63 latas de opio en un compartimiento secreto en un Cadillac modelo 1941, propiedad de Carlos I. Serrano, el hombre de todas las confianzas de quien sería presidente Miguel Alemán Valdés. Serrano pasó de ser jefe de la policía de Veracruz, cuando la gobernó Alemán, a encargado de la seguridad personal del candidato durante su campaña presidencial; elevado a senador de la República y líder de la Cámara Alta, fue ungido coronel del Ejército sin haber hecho jamás carrera militar. Desde entonces el narco y las policías estaban perfectamente hermanados. Cuando el presidente Alemán fundó la Dirección Federal de Seguridad (DFS), en 1947, Serrano intervino para nombrar segundo al mando de la DFS (una policía política con amplísimos poderes) a Juan Ramón Gurrola, "un agente encubierto para el transporte de droga de una red organizada que operaba en todo México; tenía a su cargo dos autos de la organización y a veces utilizaba un vehículo oficial y un chofer para entregar droga", escribe Juan Alberto Cedillo en su libro *La Cosa Nostra en México*, citando a su vez al investigador Luis Astorga, quien rescata la historia en su libro *Drogas sin fronteras*.

Desde entonces ya la DFS solicitaba "colaborar" con autoridades de Estados Unidos en el tema de las drogas. En realidad quería tener información de primera mano para poder traficar directamente o encubrir a las mafias. Cuando casi cuatro décadas después el gobierno desapareció la DFS, tras el asesinato del columnista Manuel Buendía, el 30 de mayo de 1984 (a cuyo director, José Antonio Zorrilla, se le encarceló como autor intelectual del crimen), los capos del narcotráfico en México resultaron ser los ex comandantes de esa dirección que estaba podrida hasta la médula. Zorrilla solía decir: "A la DFS no necesitan asignarle presupuesto; nosotros lo ponemos. Solamente déjennos operar".

Por eso el periodista Miguel Ángel Granados Chapa tituló su libro póstumo (casi lo había terminado cuando lo sorprendió la muerte): *Manuel Buendía: el primer crimen de la narcopolítica en México*.

Un "clavo", donde se habría alojado en un autobús de pasajeros una carga de goma de opio o heroína, pudo haber sido la causa del ataque tan violento, aniquilador, contra los normalistas de Ayotzinapa.

No le des vueltas al asunto: que si los jóvenes llegaron para echarle a perder la fiesta a la primera dama igualteca, María de los Ángeles Pineda, que esa tarde noche se destapaba para ser la alcaldesa formal; que si ya era insoportable la presencia reiterada de los normalistas en Iguala para vandalizar, robar, botear pidiendo dinero a los pobladores, alterar la paz de Iguala, secuestrar camiones; que si se venían ocultos en dos autobuses Estrella de Oro, tomados días antes en Chilpancingo, confundidos con los estudiantes, varios sicarios del grupo de los Rojos, enemigo irreconciliable de los Guerreros Unidos, porque pretendían recobrar la plaza; que si hubo cientos de miles de dólares de por medio para que eso ocurriera… Todo son distractores.

Échale la culpa a la heroína.

Verás ahí la razón última para que autoridades y delincuentes hayan cometido el crimen más escandaloso de las últimas décadas. No la política, no la criminalización contra los llamados *ayotzinapos,* no sólo la corrupción y el cogobierno entre narco-traficantes y policías, sino en realidad todo se juntó para impedir que una carga de opiáceos anduviese paseando por varios rumbos de la República.

Ya había escrito yo estas páginas cuando, a finales de julio de 2015, el diario mexicano *Reforma* publicaba declaraciones de Jack Riley, director interino de la agencia antidrogas de Estados Unidos, la DEA: "Yo personalmente he dedicado la mayor parte de mi carrera a perseguir al hombre que, considero, es el traficante de heroína más peligroso del mundo: *el Chapo* Guzmán. Él y el cártel de Sinaloa dominan el mercado de la heroína en Estados Unidos".

Riley había rendido un testimonio ante el Subcomité de Crimen de la Cámara Baja, en el cual detalló que grupos mexicanos tienen ya el control de los mercados más lucrativos de heroína, como Nueva York, Filadelfia y Washington, para lo cual desplazaron a los colombianos.

Según la DEA, el consumo de heroína se convirtió en la mayor preocupación sobre las drogas en territorio estadounidense, cuyo consumo callejero se disparó en cuanto los adictos comenzaron a no poder obtener recetas para conseguir drogas legales de laboratorio. Debido a esta escalada en la demanda de heroína, el cultivo de amapola en la República mexicana se disparó en al menos 50 por ciento.

Como decíamos renglones arriba respecto del olfato de los negociantes de drogas mexicanos, el experto Sam Quiñones, autor de un libro en el que aborda la epidemia de las adicciones a los analgésicos, concluyó: "Me parece que Sinaloa, en particular, se ha dado cuenta de la gran demanda de heroína en Estados Unidos y decidió producir y traficar grandes cantidades" a ese mercado seguro.

6

Cogobierno PRD-narco

Recién ocurrida la tragedia de Iguala, escribí en octubre de 2014 un artículo para la revista *Variopinto* en el que apuntaba las principales aristas que ya asomaban desde el trasfondo de la masacre:

En Iguala hubo un cambio de paradigma: allí no llegó un alcalde que recibió, desde candidato o ya con el triunfo en la mano, la visita de los personeros de la delincuencia organizada con el consabido ultimátum del "plata o plomo" para obligarlo a plegarse a los designios criminales.

Allí el elegido en las urnas hizo el recorrido al revés: ya era un operador de la criminalidad a quien le bastó comprar, tomar y ejercer el poder municipal, al amparo de las siglas del Partido de la Revolución Democrática (PRD).

No era, pues, la autoridad sometida por el amago de la delincuencia, sino la criminalidad actuante conquistando con dinero el poder local. Y ocurrió desde la supuesta izquierda. Fueron los patos del crimen disparándole a las escopetas de las instituciones.

Iguala resultó ser así, con la delincuencia como autoridad de facto, la metáfora más acabada de la pudrición del sistema, el espantable espejo en el que se mira a sí misma la descomposición del aparato político: un candidato sin partido que se cobijó en el paraguas convenenciero, utilitario y monetizado del PRD para ser candidato a la alcaldía, pero que además contribuyó con fondos económicos para la campaña a gobernador de Ángel Heladio Aguirre Rivero, se sintió, junto con su esposa —en un cogobierno de pareja al estilo de Vicente Fox y Marta Sahagún—, dueño también de vidas humanas, incluyendo las de los jóvenes estudiantes de la Normal Raúl Isidro Burgos de Ayotzinapa, a los que prejuzgó subversivos, vándalos y, por tanto, enemigos desechables.

La desmesura del "escarmiento" a los peyorativamente llamados "ayotzinapos" por presuntamente aguar la fiesta de lanzamiento de la esposa del alcalde José Luis Abarca Velázquez, María de los Ángeles Pineda Villa, como candidata sustituta del marido en la presidencia municipal, convirtió a la pareja en prófuga de la justicia, junto con su primo y compadre, ex jefe de seguridad municipal, Felipe Flores Velázquez, todos sindicados responsables de seis asesinatos entre normalistas, un joven jugador de futbol, un chofer de autobús y una mujer, y también de la desaparición de 43 estudiantes de la Normal de Ayotzinapa, los cuales habrían sido ejecutados y sus cuerpos quemados con diesel, entre montones de maderos secos para avivar el fuego, aunque algunos aún estaban vivos, según revelaba el padre Alejandro Solalinde. Todavía no difundía el procurador Jesús Murillo Karam su "verdad histórica" de la presunta pira humana en el basurero de Cocula. (Ni una ni otra versiones han sido aceptadas jamás por los familiares, que siguen exigiendo la presentación con vida de los muchachos.)

La inadmisible masacre dejó sin respuestas convincentes a los gobiernos federal y estatal, que por añadidura retardaban la información sobre la tragedia absurda perpetrada por fuerzas incontroladas de la delincuencia, los Guerreros Unidos, que pagaban con 600 mil pesos mensuales la nómina de la policía local.

EL NARCO YA ESTABA AHÍ

Cuando en diversas entrevistas me preguntaban en años recientes sobre el riesgo de infiltración de dinero del narcotráfico en las elecciones, solía responder que no era una amenaza o un peligro hipotético, sino ya realidad permitida, consentida y alentada por todos los partidos, como podía confirmarse entonces en Michoacán, en Veracruz, en Tamaulipas, en Guerrero, en el Estado de México, en Chihuahua y en tantos otros cotos del poder criminal en el país, donde hay ingobernabilidad.

Tomó cuerpo esa profecía hace muchos años expresada por el doctor Edgardo Buscaglia cuando hablaba de más de los dos tercios de los municipios del país "feudalizados", tomados de facto por una delincuencia a la que no se combate con las armas del derecho penal (gracias al encubrimiento policial, a la corrupción de agentes del Ministerio Público y a la venalidad de los jueces) ni con las del control financiero y económico (por la inutilidad de las unidades de inteligencia contra el lavado de dinero).

Lo paradójico del asunto es que el gobierno construyó, en medio de la tragedia de Ayotzinapa, un discurso exculpatorio montado sobre las teorías de este experto de la Universidad de Columbia. El presidente Enrique Peña Nieto habló de que su gobierno no permitirá que siga habiendo en la República "vacíos de autoridad". Baste recordar el paralelismo —sólo discursivo— con el título del más reciente libro de Buscaglia: *Vacíos de poder en México*.

Tuve la oportunidad de conocer a Edgardo Buscaglia justamente en importantes exposiciones y advertencias públicas que hizo respecto de la feudalización de entre 50 y 60 por ciento de los municipios del país, como aquella que hizo en junio de 2008 ante los llamados comités ciudadanos de la Procuraduría General de la República, cuando ubicaba a México en el sexto lugar de naciones invadidas por criminalidad organizada, sólo detrás de Afganistán, Irak, Paquistán, Nigeria y Guinea Ecuatorial.

Advertía que la estrategia del gobierno de enviar más soldados, más marinos y policías a detener capos de la droga no era suficiente si no se rompían sus redes financieras, "pero sobre todo sus nexos con el poder político", con autoridades capturadas a través de sobornos, extorsiones, relaciones familiares o de amistad, con personajes de la delincuencia tomando puestos políticos. No existe trabajo alguno de inteligencia financiera que permita desarticular las redes económicas de grupos criminales mexicanos, presentes ya en 38 países, sostenía.

En 2010 entregaba un informe al Senado en el que ya ubicaba 72 por ciento de los ayuntamientos infiltrado por células operativas del narco, "ocho por ciento totalmente feudalizados por la delincuencia organizada". Titulado "La paradoja de la sanción penal, factores legales y económicos que determinan el éxito y fracaso de la lucha contra el crimen organizado", el documento refería los 22 delitos asociados al narco —piratería, prostitución infantil, tráfico de personas, extorsión, secuestro, entre otros— que ya dominaban los grupos delincuenciales. "Mediante cañonazos de dólares las células del tráfico de drogas mantienen cooptados a gobernadores, legisladores locales y federales, y sobre todo alcaldes, pues en muchos casos se contribuyó con dinero para sus campañas políticas." Los cárteles mexicanos tenían ya presencia en más de 50 países de varios continentes.

Al gobierno de Peña Nieto, en plena euforia triunfalista porque logró 11 reformas estructurales, que presumía el descenso de la violencia y la inseguridad y mostraba a México como paraíso para las inversiones extranjeras, le cayeron como cubetazo de agua helada dos crímenes de lesa humanidad: el de Iguala ya descrito y el de Tlatlaya, Estado de México, donde a finales de junio tropas del ejército habrían asesinado a 22 jóvenes —a los que nombró "secuestradores"— en una bodega abandonada, cuando ya se habían rendido y estaban inermes. Falsamente, un boletín oficial había referido un "enfrentamiento" entre soldados y delincuentes.

También asomó el cobijo partidario al narco cuando fue capturado el último de la dinastía Beltrán Leyva activo, Héctor *el H* (detenidos sus hermanos Alfredo y Carlos, liquidado por la Marina Arturo), quien departía con su presunto operador financiero Germán Goyeneche Ortega, militante del Partido Verde Ecologista de México (PVEM). "El corazón de la delincuencia son los políticos", ha dicho Edgardo Buscaglia.

ALCALDÍAS POBRES EN GARRAS DEL CRIMEN

Olvidadas por la Federación, dispersas, faltas de recursos propios, pues no tienen capacidad recaudatoria, la mayor parte de las 2 445 alcaldías en el país son presa fácil de la "mafiocratización" del Estado en su conjunto. Las presiones y amenazas se ceban con más saña sobre paupérrimos y abandonados municipios. Así resulta lógico y trágico que hayan sido asesinados 69 munícipes de 2006 a la fecha.

Un recuento elaborado por la Asociación de Autoridades Locales de México, A. C. (AALMAC), menciona 47 homicidios de munícipes con Felipe Calderón y van 13 en el tiempo de Enrique Peña Nieto.

Michoacán y Oaxaca están en el liderazgo de agresiones a alcaldes, con 11 cada uno; ocho fueron liquidados en Veracruz, cinco en Chihuahua y cuatro en Guerrero.

Pocos munícipes resisten la presión extrema de los grupos delincuenciales que exigen, para empezar, control sobre el jefe de la policía local —como se constató en un video en el que se ve amenazado y nervioso al alcalde de Teloloapan, Guerrero, Ignacio de Jesús Valladares Salgado, obligado a gobernar custodiado por policías federales— y, en ocasiones, nombran a todo el personal de supuesta vigilancia y se dan el lujo de pagar la nómina. En Michoacán se ubicó presencia de los Caballeros Templarios y antes integrantes de la Familia Michoacana en puestos públicos. Exigen que se les adjudique la construcción de obras, pues tienen empresas para ello. Y luego reclaman un porcentaje de las aportaciones federales que deben ser destinadas a seguridad y a programas sociales.

Los municipios no recaudan sino el impuesto predial. Y si son rurales, nada hay que cobrar. Y cuando hay concesiones federales como aeropuertos, autopistas, descentralizadas como Pemex y CFE o privadas como Telmex, simplemente se niegan a pagar impuestos a las alcaldías. El único gravamen que les es permitido reclamar, el predial, representa una recaudación de 0.2 por ciento del PIB nacional. Comparado con Estados Unidos, Japón, Francia, Holanda, España, Brasil y Uruguay, en esos países se recauda a nivel municipal de cuatro a 20 veces más.

INFLUENZA, MICHOACANAZO, TOMA DE SEGURIDAD

Antes de las elecciones intermedias de 2009 el país fue impactado por una influenza, la AH1N1, con propaganda mediática que la elevó a pandemia, con militares en las calles repartiendo cubrebocas de tela, con museos, cines y teatros cerrados; con la prohibición de saludarse de mano o darse besos. Se escandalizó con lo que al final del día fue una epidemia más bien benigna, pero que dejó ganancias multimillonarias a laboratorios de países ricos que elaboraron cientos de millones de vacunas.

Otra epidemia política ocurrió ese año, cuando se dio el llamado michoacanazo, acusación, captura espectacular y cárcel para

38 munícipes y funcionarios del estado natal de Felipe Calderón por sus presuntas ligas con el narcotráfico. Fueron tan endebles las pruebas, que todos —la mayoría perredistas— quedaron en libertad en los meses siguientes. Casi nadie recuerda hoy, pero autoridades locales de Veracruz, Nuevo León y el Estado de México —gobernadas por la oposición— fueron atacadas. La judicialización de la política y la politización de la justicia.

Hoy oscuros nubarrones se ciernen sobre las elecciones intermedias de 2015 (escribí meses antes y lo corroboraron más de 100 agresiones directas contra políticos o candidatos, que sumaron asesinatos, secuestros, amenazas y emboscadas en la coyuntura de los comicios), con jornada culminante el primer domingo de junio.

De todas las perversas corrupciones, la más criminal se comenzó a implantar a sangre y fuego en México: el hecho de que hayan sido asesinados tres normalistas (Julio César Mondragón Fontes, Daniel Solís Gallardo, Julio César Ramírez Nava), un jovencito jugador de un equipo de futbol (David Josué García Evangelista), un chofer de autobús (Víctor Manuel Lugo Ortiz) y una mujer (Blanca Montiel Sánchez), heridos y hospitalizados otro par de docenas de jóvenes y finalmente "desaparecidos" al menos otros 43 (cuyo paradero con vida parecía que nadie indagaba sino solamente se hurgaba en decenas de fosas clandestinas), convierte a la ingobernabilidad en el germen de la violencia, ejercida desde las instancias oficialmente investidas como autoridades, pero con ayuda física y hasta con órdenes espurias de la delincuencia organizada.

Fue evidente, en Iguala, Guerrero, que ya no hay línea que separe a los policías municipales uniformados, integrados en la nómina, de los grupos de civiles armados que con ellos se alían y se organizan para delinquir, para reprimir a la población, para controlar el libre tránsito de personas, para criminalizar la protesta social, para asesinar y para cometer ese delito de lesa humanidad llamado "desaparición forzada de personas".

La ciudad de Iguala, en Guerrero, corre el peligro de pasar a la historia no por ser cuna de la bandera nacional, sino por ser el sitio en el que se puso a prueba la capacidad institucional para mantener la paz social en términos mínimamente vivibles. Y el fracaso fue rotundo.

Allí un alcalde presuntamente izquierdista cobijado bajo las siglas del Partido de la Revolución Democrática (PRD), José Luis Abarca Velázquez, pidió licencia el 30 de septiembre de 2014 y enseguida huyó con su esposa María de los Ángeles Pineda Villa, quien estaba ya en activa campaña para sucederlo en el puesto en 2015.

El que fuera secretario de Seguridad municipal, Felipe Flores Velázquez, era su primo hermano. La doble vesania de los asesinatos y las desapariciones de la noche del 26 y la madrugada del 27 de septiembre se les escapó de las manos, que estaban acostumbradas a los asesinatos sin medida y sin castigo, y rebasó todo límite de gobernabilidad. O, pensemos en contrario, ¿fue fríamente ejecutada para que no hubiera testigos incómodos del tráfico de goma de opio y heroína en autobuses de pasajeros? ¿Para que no apareciera, así fuera de manera accidental, una carga prohibida?

La simulación oficial llegó a niveles ilegales, ridículos y peligrosos, pues cuando todavía era gobernador Ángel Heladio Aguirre Rivero convirtió mediáticamente a casi 2 mil burócratas de su administración en "buscadores" de las decenas de desaparecidos, tarea que corresponde a las instancias policiales y al Ministerio Público. Daba pena ajena verlos vestidos con camisetas que exhibían el logo #HastaEncontrarlos. En el colmo del populismo desalmado también ofreció una recompensa millonaria a quien proporcionase datos para ubicar a los desaparecidos.

Lo más probable es que el gobierno ya supiese, a esas alturas, que los "rastreadores" no corrían peligro alguno de ataques de la delincuencia. Se supone que poseían referencias de la propia autoridad, expresadas en actas ministeriales, de que los estudiantes desaparecidos habrían sido trasladados a los cerros cercanos, asesinados y sus cadáveres inhumados en fosas clandestinas, a las afueras de Iguala. Por lo menos era una "verdad" que así se hizo "confesar" a policías y delincuentes, en declaraciones oficiales que ellos mismos dicen haber firmado bajo tortura.

(Curioso que, muchos meses después, en julio de 2015, fuesen también 10 mil los policías, soldados y marinos que habrían sido puestos a buscar, hasta debajo de las piedras, al por segunda vez prófugo de una cárcel de supuesta alta seguridad del país, Joaquín *el Chapo* Guzmán Loera.)

Como dato ilustrativo, tengo copia del documento ministerial en el que se reporta la captura del ex alcalde José Luis Abarca y su esposa María de los Ángeles Pineda Villa justo en el momento en que regresaban de cenar, a las afueras de una casa en Iztapalapa, mas no en la recámara en la que las cámaras registraban aparentemente la aprehensión. Todo falso, pues.

¿Qué tiene qué ver esta tierra caliente de Guerrero con Afganistán o con el llamado Triángulo Dorado asiático? Pues el hecho de que en Tlacotepec, Tlacolula, Chilapa y otros municipios están las "cocinas" más importantes de México para la elaboración de una heroína blanca de extrema pureza y calidad similar a la que los adictos estadounidenses solían obtener difícilmente de Afganistán, Myanmar, Laos y Tailandia, en Asia, pero que ahora se produce aquí, a tiro de piedra de los máximos consumidores mundiales. Los mexicanos han desplazado a los colombianos, decíamos, y compiten ventajosamente por el mercado con los productores del viejo Triángulo asiático.

El Informe Mundial publicado en junio de 2014 por la Oficina de las Naciones Unidas contra la Droga y el Delito coloca a México en crecientes niveles de producción de heroína. Los traficantes mexicanos "se están expandiendo al mercado de la heroína blanca", indica el reporte y ofrece estas cifras: "México estaría destinando 12 mil hectáreas para la producción potencial de unas 250 toneladas de opiáceos; mientras que en 1999 se usaban 3 600 hectáreas para 43 toneladas".

Las cifras aparentemente no cuadran mediante la matemática de hace 15 años. Lo que ocurre es que en 1999 la *narcotecnología* no daba para producir una tonelada de heroína con menos de 70 hectáreas. Esa cifra de sembradíos necesarios se hizo descender a más o menos 46 hectáreas para obtener esos 1 000 kilos. Y entonces las cuentas sí dan más de 250 toneladas.

Hay dos grupos que se disputan la hegemonía criminal en Iguala y en municipios vecinos: Guerreros Unidos y los Rojos, uno y otro derivaciones del cártel de los Beltrán Leyva, hoy confrontados entre sí por el dominio de la ruta por donde se trafica la heroína blanca, además de mariguana y drogas sintéticas producidas aquí y de la cocaína procedente de Sudamérica. (Aunque también operan en la zona Los Ardillos, Los Granados, células de los Caballeros Templarios y del cártel de Jalisco Nueva Generación.)

En esta geografía criminal no encajan estudiantes normalistas insumisos que secuestran autobuses. Los jóvenes lograron acopiar piedras y palos para defenderse de la policía, pero los municipales y sus sicarios tenían armas largas que dispararon contra ellos y contra jóvenes futbolistas de Los Avispones de Chilpancingo, que salían de Iguala después de un partido que ganaron.

Pasaban por el Periférico y fueron baleados al igual que una mujer que viajaba en un taxi.

La policía municipal de Iguala está "totalmente infiltrada" por grupos de delincuencia organizada, en especial Guerreros Unidos, admitió en su momento el gobernador Ángel Aguirre Rivero. La autoridad señaló a una célula delictiva que encabeza Salomón Pineda Villa *el Molón*, hermano menor de la esposa del alcalde Abarca Velázquez, agregó Aguirre semanas antes de renunciar a la gubernatura de Guerrero.

"Varios integrantes de la policía municipal de Iguala estaban vinculados con Guerreros Unidos. Tan es así que, de acuerdo con la información que me ha dado el procurador, dos de estos policías, también vestidos de negro y encapuchados, hacen parte de los disparos. En ese momento ya no son policías, sino que se convierten en miembros de la delincuencia", decía en entrevista radiofónica el gobernante, mientras la Marina, el Ejército, policías federales y estatales, todos se exhibían como auxiliando en la búsqueda de los estudiantes desaparecidos. Aguirre se empeñaba en desviar la atención de la extrema complicidad de las corporaciones con el narco, mencionando que había "dos policías" encapuchados disparando.

Parentesco no es destino, pero Mario Alberto Pineda Villa *el Borrado* y Marco Antonio *el MP* también eran hermanos de la aspirante a alcaldesa María de los Ángeles. Enlace corrupto entre Arturo Beltrán Leyva *el Barbas* y la PGR y la Secretaría de Seguridad Pública Federal, a cuyos funcionarios entregaban centenares de miles de dólares cada mes, *el Borrado* y *el MP* fueron liquidados se supone que por órdenes de su jefe.

El MP Pineda Villa aparecería muerto en septiembre de 2009, entre más de una docena de asesinatos atribuidos al autodenominado *Jefe de Jefes* Arturo Beltrán, él mismo liquidado el 16 de diciembre de ese año por infantes de la Marina. *El Borrado* Pineda Villa apareció en su Avenger calcinada entre Amayuca y Jantetelco, Morelos, con un día de diferencia.

Por su parte, Jesús Nava Romero *el Rojo* fue asesinado junto a su socio Arturo Beltrán. Entonces su hermana María Nava Romero apareció como lideresa de una banda de secuestradores que se autodenominó los Rojos. Era esposa de Crisóforo Rogelio Maldonado Jiménez *el Bocinas*, ultimado a balazos por falsos médicos en el hospital Médica Sur del Distrito Federal, adonde se había hecho trasladar desde una clínica del IMSS de Cuernavaca, pues fue herido en una balacera. Terminó liderando al grupo el hermano de Jesús y de María, llamado José Leonor.

Los policías delincuentes trataron de desviar las pesquisas cuando ya las evidencias les pisaban los talones. Simple y sencillamente les cambiaron los números de serie a las patrullas de Cocula, porque habían sido multifilmadas y difundidas fotografías y videos a través de las redes sociales.

Tal como reportaba Arturo Cano en *La Jornada* en los primeros días de la desaparición de los normalistas, el secretario de Seguridad Pública, Felipe Flores —primo y compadre del alcalde prófugo—, era "especialista" en clonar patrullas de la policía municipal para permitir que sus elementos realizaran "trabajos especiales" sin ser descubiertos.

Ése fue el *modus operandi* de policías cómplices de una localidad vecina para atacar a balazos a los estudiantes normalistas de Ayotzinapa, con elementos vestidos de negro y encapuchados —sin posibilidad de saber a ciencia cierta si eran policías o civiles criminales—, y de esa forma llevarse a decenas de ellos con rumbo incierto en patrullas que después fueron clonadas.

Sepultadas entre miles de páginas de declaraciones ministeriales que logré obtener, los responsables de esta tergiversación e intento de engaño a las autoridades estatales y federales aparecen con sus nombres, apellidos y circunstancias.

El subdirector de Seguridad Pública de Cocula, César Nava González, ordenó en la madrugada del sábado 27 de septiembre al subcomandante Ignacio Aceves Rosales que fuera "con la señora de los rótulos" y dispuso: "Que te haga cuatro números para las unidades y de inmediato cámbialas". Había que fabricar los números 500, 501, 502 y 503, instruyó cuando salía de la casa del capo local de Guerreros Unidos, apodado *el Gil*.

La instrucción fue ponerle el número 500 a la patrulla que era 302; el número 501 para la 305; el logotipo 502 para la unidad 306 y finalmente la que era patrulla 303 se remarcó con el 503.

Era un ocultamiento necesario para los funcionarios de policía, porque horas antes habían acudido en apoyo del director de la policía de Iguala, Francisco Salgado Valladares (contacto directo con el cártel de los Guerreros Unidos, como se verá más adelante, el que ordenó "parar a como dé lugar" a los autobuses con los normalistas dentro).

Una agravante más: la instrucción fue dada por César Nava cuando salía a las seis de la mañana del 27 de septiembre de 2014 de la casa de Gildardo López Astudillo, apodado *el Gil*, reputado como líder de los Guerreros Unidos en Iguala. (Declaración en la página 47 de la causa 01/2015/II, ante el Juzgado Tercero de Distrito en Procedimientos Penales Federales en Matamoros, Tamaulipas.)

Según la declaración ministerial del subcomandante Aceves, su jefe César Nava González viajó a Iguala en la patrulla 302 y él mismo tuvo que irse en otra, la 306, a Periférico Norte esquina con Juan Álvarez, en auxilio de los policías de Iguala que ya habían atravesado patrullas para impedir el avance de tres autobuses en los que iban los normalistas de Ayotzinapa.

Nava decidió cambiar los números de las patrullas después de que le llamó por teléfono el director de Seguridad de Iguala, Francisco Salgado Valladares, para decirle que habían filmado su presencia y su vehículo horas antes. "De inmediato me trasladé a la carretera Iguala-Taxco, a un lado del restaurante El Machi, lugar donde le hicieron los rótulos. Una vez que me los dieron, se los entregué a Ismael Palma Mena", quien se quedó como encargado de las patrullas. Cuanto antes hizo el cambio de matrículas, delató Aceves.

Pero esto, finalmente, no es sino la operación cotidiana de una policía delincuencial acostumbrada a la impunidad y al encubrimiento. El tema toral, de fondo, es la administración pública federal que consintió —y aún permite— que haya zonas intocables de producción de drogas con dos categorías de protección: el nulo ataque aéreo que permite florecer a los plantíos, y los ojos cómplices de elementos del Ejército, de marinos, policías federales, estatales y municipales que no atacan la producción, la cosecha, el traslado y el comercio de la droga que fluye sin obstáculos hacia el mercado local y extranjero.

7

Autobuses de la muerte

Iban por dos, pero se llevaron tres autobuses esa noche del 26 de septiembre. Ni siquiera habían pensado en secuestrarlos en Iguala, sino en Chilpancingo, adonde ya habían llegado unos días antes, pero la policía les impidió tomarlos.

Desde varias jornadas previas, por votación de asamblea en una reunión de normales rurales, los estudiantes de Ayotzinapa se comprometieron a reunir hasta 25 camiones que les servirían para sus prácticas escolares. Luego, más de una semana después, utilizarían los camiones para trasladarse al Distrito Federal y sumarse a la marcha conmemorativa del 46 aniversario de la masacre estudiantil de 1968.

La primera tarea fue encomendada a los normalistas de primer año. Cuando ellos decidieron ir a Iguala, sobre la marcha se apuntaron varios de segundo, tercero y cuarto grado. Se llenaron dos autobuses Estrella de Oro que ellos conservaban desde hacía casi un mes, con todo y sus choferes, para estarse moviendo desde Ayotzinapa —narra Yonifer Pedro Barrera Cardoso, normalista de primer año—. Esa tarde todo apuntaba a que sería como un viaje de activismo festivo que reunió a casi 120 estudiantes.

Los dos Estrella de Oro llegaron a Chilpancingo, pero la terminal estaba custodiada por federales. Decidieron ir a Iguala a "botear" y a tomar autobuses. Hicieron una parada en Huitzuco de Los Figueroa por unos cuantos minutos sólo para que los jóvenes satisficieran sus necesidades fisiológicas y por si querían comprar algo. (Desde entonces los jóvenes ya eran monitoreados por policías y sicarios, a través del C4: Centro de Control, Comando, Comunicaciones y Cómputo, al cual siempre tiene acceso el Ejército en cada ciudad de la República.)

De la lectura de los testimonios de los normalistas que tomaron en préstamo tres unidades (dos de Costa Line, una de Estrella Roja) y enseguida partieron, ya con cinco autobuses, desde Iguala de regreso a Tixtla y de los jóvenes del equipo de futbol Los Avispones de Chilpancingo, que iban en otro transporte marca Volvo de Castro Tours, genera pasmo saber cómo al final fueron decenas los que se salvaron de morir baleados, porque lograron esconderse en casas de familias solidarias; de morir aplastados en una volcadura que impidió un talud junto a la carretera cuando fue baleado el chofer de un autobús y se perdió el control del vehículo; o de ser llevados a un destino desconocido igual que los 43 desaparecidos de Ayotzinapa.

La agresión de los policías y los sicarios de los Guerreros Unidos fue tan violenta como inexplicable para cualquier analista no adentrado en el tema de las drogas. Es decir, lo que admira es que no haya habido más muertos y más secuestrados, pues los policías recibieron por la radio de las patrullas y por sus celulares la orden tajante de parar los autobuses "a como diera lugar", "no queremos relajos ni vándalos en el municipio", dada a través del operador de radio de turno, José Natividad Elías Moreno, obedeciendo instrucciones terminantes y precisas del director de Seguridad Pública municipal de Iguala, Francisco Salgado Valladares, según atestiguaron ante el Ministerio Público el subdirector de Tránsito, Uzziel Peralta Rodríguez, y el supervisor de Tránsito Municipal, Francisco Narciso Campos, entre muchos otros declarantes (expediente HIS/SC/03/0994/2014).

Si ya de por sí la tragedia de Iguala fue descomunal, pudo haber sido aún más sangrienta, porque el cogobierno narco-PRD no conocía límites. Conforme pasa el tiempo aparecen trazos inconcebibles de una región de criminalidad sin el mínimo asomo de instituciones propias de un Estado de derecho. La organización civil Los Otros Desaparecidos ya acumula 273 denuncias de gente que en años y meses recientes fue llevada a parajes para ser asesinada o sigue sin ser esclarecido el paradero de las víctimas y el verdadero motivo, si lo hubo, de tanto secuestro, solamente en ese municipio.

En la noche aciaga de Iguala hubo al menos seis intentos (pudieron ser hasta nueve, según el Grupo Independiente de Expertos Internacionales) de matar, escarmentar, dañar físicamente, secuestrar y desaparecer a más normalistas. Lo que imperó fue un caos que está descrito con detalle en varios miles de páginas de esta y otras averiguaciones ministeriales que tengo en mi poder (todas sobre la tragedia de Iguala, la noche del viernes 26 de septiembre y la madrugada del sábado 27 de septiembre de 2004).

Es virtualmente imposible que alguien fuera de la autoridad tenga todo el expediente a mano. Resulta que diversas instancias de gobierno han consentido y propiciado que la barbarie de esa noche sea atomizada y estén dispersos en más de una decena de juzgados por más de seis estados de la República:

- declaraciones y peritajes;
- fotografías de los inculpados y sus armas;
- pruebas de que policías y los Guerreros Unidos eran una unidad indisoluble;

- días, horarios y lugares en que había descuidos y ausencias muy oportunas en retenes para dejar pasar a ciertos vehículos "cargados" con droga;
- revelaciones puntuales de ríos de dinero para ser entregado a los policías por fuera de la nómina oficial y así comprarlos para el servicio de los Guerreros Unidos.

El gobierno aplica así una clásica estrategia de dilación. Resulta obvio que no hay voluntad ni prisa por solucionar un caso de represión que cimbró al país y a sus tres niveles de autoridad.

Si bien la narrativa tiene variantes, según quién de los normalistas y otros testigos la cuenten, todos los testimonios y peritajes de criminalística y balística concluyen que los estudiantes de Ayotzinapa iban desarmados (los autobuses recibieron más de 200 impactos, todos de afuera hacia adentro y ni uno solo en sentido contrario), aunque existieron distractoras declaraciones de delincuentes —sin prueba alguna— de que iban mezclados con ellos y fuertemente armados varios integrantes de los Rojos, grupo criminal enemigo de los Guerreros Unidos.

La realidad descarta cien por ciento esa hipótesis, sembrada por los sicarios a partir de supuestas llamadas telefónicas del *Cabo Gil* (Gildardo López Astudillo) al jefe de plaza de los Guerreros Unidos en Iguala, Sidronio Casarrubias, de que supuestamente ya tenía en su poder a decenas de integrantes del grupo criminal enemigo, los Rojos. Y entonces, a través de mensajes de texto, Sidronio habría dado la orden de ejecutar al grupo de jóvenes previamente capturados en Iguala, allá por Pueblo Viejo, en las afueras de la ciudad. De allí las instrucciones criminales descendieron al jefe de sicarios, Felipe Rodríguez *el Cepillo*, quien decidió matar y quemar a los supuestos Rojos. Eso es exactamente lo que difundió en los medios la mismísima PGR.

Aunque esa versión aparece en actas ministeriales y en boletines de la PGR, sabemos que en México es posible prefabricar un expediente basado en versiones interesadas; que lo que alguien confiesa haber cometido no es real; que la tortura es el método más socorrido para construir una "verdad histórica" oficial que no mire ni un instante a las víctimas.

Por eso el GIEI identificó cuatro versiones diferentes del supuesto destino de los 43 normalistas desaparecidos, según los perpetradores y los policías detenidos:

1) Fueron llevados a Loma del Coyote y de allí a una casa de seguridad de Gildardo López Astudillo, *el Gil.*
2) Fueron ultimados en Rancho Viejo.
3) Está involucrado un ataque a un autolavado denominado Los Peques.
4) Fueron conducidos al basurero de Cocula, ejecutados y quemados hasta convertir los cuerpos en cenizas que después fueron echadas en bolsas negras al río San Juan.

Esta última fue la narrativa que defendió el ex procurador Murillo Karam llamándola "verdad histórica", pero el 6 de septiembre de 2015, casi en el aniversario de la masacre, los expertos internacionales concluyeron: "La quema de 43 cuerpos en ese lugar, en un tiempo de 15 a 16 horas señalado en los testimonios, no pudo haber sucedido".

Las razones que esgrimió el experto peruano José Torero —apoyándose en laboratorios de la Universidad de Queensland, en Australia—, quien visitó el supuesto sitio de la cremación masiva, es que en el basurero aparecen sólo huellas de fuegos de pequeñas dimensiones. Para el tamaño y la intensidad requerida de una pira donde hubiesen ardido 43 cuerpos, habría hoy mismo daños generalizados en la vegetación y en la basura. Un fuego así hubiese provocado un gran incendio forestal, generado enormes nubes de humo a casi 300 metros de altura, y hubiese impedido que cualquier ser humano se acercara para alimentarlo con más diesel o gasolina, como narraban los sicarios *el Jona*, *el Pato* y *el Cheje*, cuya versión Jesús Murillo Karam tomó como verdadera y hasta ordenó videograbarla y editarla.

Debe recordarse que ya desde enero de 2015 numerosos científicos universitarios, encabezados y representados por el doctor en ciencias Jorge Montemayor Aldrete, investigador del Instituto de Física de la UNAM, y por el profesor investigador del Departamento de Ciencias Materiales de la UAM Azcapotzalco, Pablo Ugalde Vélez, habían dado a conocer un minucioso estudio para demostrar que era absolutamente imposible haber quemado a los 43 normalistas en el fondo del basurero de Cocula, tanto por el espacio como por ausencia de madera y neumáticos suficientes, con lo que refutaban la mentada "verdad histórica".*

El Cabo Gil no ha sido arrestado. Todo se infiere de testimonios de varios criminales confesos entre más de 100 detenidos. Pero la autoridad se ha empeñado en exhibir estas tergiversaciones como verdad oficial.

Decíamos que se registran en la noche tenebrosa de septiembre de 2014 entre seis y nueve balaceras a cargo de sicarios y policías municipales en contra de normalistas (y aseguran ellos que en algún momento también participaron federales) si se incluyen los disparos que por error, creyendo que eran "ayot-

---

* El estudio de Jorge Montemayor se puede consultar en la siguiente dirección: http://www.cencos.org/comunicacion/tag/defensores_derechos_ humanos/.

zinapos", se hicieron contra el autobús en que regresaba a la capital guerrerense el equipo de futbol Los Avispones de Chilpancingo.

La primera agresión, entre seis ocasiones comprobables (y también hubo intentos de atropellar con patrullas a normalistas en la carretera a Chilpancingo y vehículos particulares baleados porque pasaban en el justo momento en que era acribillado el autobús en que viajaban futbolistas de un equipo de tercera división de Chilpancingo), comenzó cerca de las 21 horas, y la última alrededor de la medianoche. Por tanto, suman más de tres horas de tiroteos unilaterales, incluida la errónea embestida contra Los Avispones que no estaba calculada en los planes asesinos, en la que murieron baleados el jovencito de 15 años David Josué García Evangelista, el chofer del autobús Víctor Manuel Lugo Ortiz y la señora Blanca Montiel Sánchez, quien atravesaba cerca del lugar en un taxi. Todo a partir de la inequívoca exigencia del "párenlos a como dé lugar".

Aquí van los datos precisos de cada ataque en esa noche en la que autoridades y jefes criminales desataron una feroz cacería de estudiantes:

1) Los primeros balazos se dispararon en la terminal de autobuses, cuando los normalistas llegaron a convencer a un par de choferes de la empresa Costa Line de que los acompañaran, con todo y unidades, a Tixtla, y de allí a Cuernavaca o a la Costa Chica de Guerrero, según síntesis de lo declarado ante la autoridad por varios estudiantes sobrevivientes (algunos hablan de que se lanzaron petardos contra los normalistas).

Cornelio Copeño Cerón lo cuenta así: "Al llegar a la terminal de autobuses de Costa OnLine [*sic*] procedimos a dialogar con dos choferes de la citada empresa, quienes estuvieron de acuerdo en que nos lleváramos los autobuses junto con ellos, pero cuando ya decidíamos retirarnos llegaron tres patrullas de la policía municipal, y posteriormente más patrullas, con aproximadamente cuatro elementos a bordo cada una, quienes se bajaron y nos empezaron a disparar con las armas que portaban, consistentes en pistolas y rifles".

Carmelo Ramírez Morales, normalista de segundo año, refiere a su vez que llegaron desde Tixtla con dos camiones repletos de compas hasta el puente que está en la salida de Iguala a Chilpancingo, entre las siete y media y las ocho de la noche, y allí pararon "en espera de autobuses y fue así como contactamos a los operadores de dos autobuses de la empresa Costa Line". Subieron al primero y, "una vez que estuvo de acuerdo el conductor, varios compañeros lo acompañaron a la terminal a dejar el pasaje".

Era el camión 2513, de Estrella Roja del Sur, operado por Alejandro Romero Bustos. Pero ese chofer no solamente entró a estacionar la unidad en un andén, bajo protesta de los jóvenes, sino que primero dejó bajar a los 28 pasajeros que traía de Acapulco y luego encerró en el autobús a los estudiantes, colocando una cadena y un candado. Se fue a reportar con sus jefes y a los 10 minutos ya estaban allí los dos Estrella de Oro con todos los normalistas que aguardaban en la carretera. Les habían hablado por los celulares, denunciando la trampa que les puso ese primer chofer.

Según el normalista Carmelo Ramírez, puesto que en la central camionera detuvieron a varios compañeros, "nos enfilamos hacia la terminal de Costa Line, donde la policía municipal tenía detenidos a nuestros compañeros y al llegar los rescatamos y procedimos a subirlos al autobús con la intención de retirarnos a Chilpancingo". Otros más refieren allí a los policías disparando las primeras balas y algunos petardos. El caso es que, según el operador Alejandro Romero Bustos, él se ocultó en la terminal, y al no poder encontrarlo los "ayotzinapos" se llevaron a la fuerza a otros dos choferes: Hugo Benigno Castro e Ismael Sánchez Hernández. Otros alumnos refieren lanzamiento de petardos hacia dentro del autobús en que estaban encerrados los compas.

2) Dos de los camiones salieron directo a la carretera, dando la vuelta en *U* hacia el sur. Y otros tres autobuses avanzaron en caravana hacia el norte sobre la calle Hermenegildo Galeana y muy pronto fueron atacados a balazos. Este segundo tiroteo, ya más nutrido, ocurrió en la esquina con Leandro Valle y/o Javier Mina, ya cerca de la plaza principal de Iguala, cuando dos camiones de Costa Line (unos mencionan un Futura, pero finalmente da igual, pues pertenecen a la misma empresa), los números 2012 y 2510, y uno de los Estrella de Oro que traían desde Tixtla los estudiantes, el 1568, intentaron ser frenados por patrullas policiales que fueron atravesadas como un muro para detener a los transportes. Venían siguiendo a la caravana desde la terminal. Pero los choferes no pararon motores, porque así se los pidieron los normalistas. Los vehículos de la policía se resistían a quitarse. Bajaron jóvenes de los autobuses para lanzar piedras a las patrullas que estorbaban, pero el fuego de policías y grupos de civiles fue tan nutrido que hizo retroceder a los normalistas, armados sólo con piedras y palos (en varias declaraciones se revela que junto a los policías también estaban disparando gatilleros de los Guerreros Unidos). Los patrulleros recibieron órdenes de replegarse y obedecieron. Esto ocurrió, según las declaraciones ministeriales, después de las nueve de la noche.

Luis Uriel Gómez Avelino se salvó de ser secuestrado, pues iba en el tercer autobús de la fila, uno de los Estrella de Oro en que los normalistas habían llegado desde Ayotzinapa, "pero al atravesar por el parque en el centro de Iguala fue que se nos atravesaron dos camionetas, de las cuales pude percatarme que nos venían siguiendo desde que salimos de la terminal". Eran patrullas que encendieron las luces de las torretas y se adelantaron, pues los autobuses iban a velocidad moderada por ser una calle angosta. Ese tercer camión se frenó porque los dos que iban delante también pararon.

Los jóvenes se bajaron, tomaron piedras para lanzarlas y que se quitaran las patrullas. Eran pocos policías, pero desde atrás de los autobuses otros comenzaron a disparar al suelo y al aire. El apedreo tuvo éxito y los vehículos policiales se hicieron a un lado y los uniformados que accionaban desde atrás sus armas se fueron. (O la orden fue, más bien, aparentar que dejaban ir a los estudiantes para frenarlos más adelante, como en efecto ocurrió, ya en la avenida Juan Álvarez para dar vuelta en el Periférico Norte.)

Luis Uriel se trepó al primer autobús al librar el embate del centro. Mala suerte para el resto, pues minutos después de ese tercer autobús fueron bajados a la fuerza todos sus compañeros, entre 25 y 30. Se los llevaron policías y sicarios con rumbo desconocido.

Iba primero el autobús manejado por Hugo Benigno, el 2012 de Costa Line-Estrella Roja del Sur. En segundo lugar iba el que le tocaba operar a Ismael Sánchez Hernández pero que no le permitieron manejar, el número 2510, que había llegado a Iguala a las 18:30 procedente de la ciudad de México, también un Costa Line. Al chofer le había dado tiempo de cenar, de conversar con compañeros y luego regresar, a las 21 horas, a su camión para tomar las llaves del *switch*. Se disponía a pernoctar en el dormitorio especial para choferes en la terminal, porque el sábado 27 regresaba al Distrito Federal a las 7:50 horas, puntualizó ante el Ministerio Público.

Cerré la puerta y, cuando me dirigía a la oficina de servicios, vi que por la calle de Galeana entraron a la terminal corriendo alrededor de 100 personas del sexo masculino, los cuales llevaban el rostro cubierto con playeras unos y otros con pañuelos y llevaban en sus manos piedras de diferentes tamaños, al tiempo que gritaban enardecidos que querían el autobús y que no la hiciéramos de pedo. Un montón de esa gente se fue sobre mí y me gritaban que les entregara la llave. Cuando les dije que no la traía y que la dejé en la oficina de servicio, me cargaron entre varios y me bolsearon, encontrándome la llave en la bolsa derecha del pantalón. Me subieron a bordo y un joven empezó a manejar el autobús de fea manera, porque se jaloneaba y a veces lo aceleraba mucho. Como pudo lo sacó del patio de la terminal. Se apoderaron de otro autobús, el número 2012, y querían llevarse uno más, pero el chofer alegó que no tenía líquido Ablu [*sic*: se trata del AdBlue, aditivo anticontaminante para diesel, que por obligación se emplea en los autobuses foráneos] para andarlos paseando y podía quedarse parado en cualquier lugar.

3) Hugo Benigno Castro Santos, chofer del autobús Volvo número económico 2012, de Costa Line, en realidad había tratado de esconder las llaves para no irse con más de 30 normalistas que ya se habían subido al vehículo. "Que me jalara, me gritaban, y yo les decía que no traía las llaves", pero un estudiante se las arrebató y lo quitó del asiento del conductor. "Uno de ellos arrancó el autobús y dije que mejor yo lo manejaba porque lo iban a descomponer; me gritaban que jalara para Chilpancingo, pero les dije que yo no sabía cómo porque me obligaron a sacar el autobús por la calle Galeana." En efecto, esa arteria estrecha va hacia el norte, se convierte a las pocas cuadras en Juan N. Álvarez y pasa justamente por el centro de Iguala. Ya cerca del

Zócalo se escucharon detonaciones, que este conductor no sabía si eran balazos o cohetes.

Por lo que hace al operador Ismael Sánchez Hernández,
viajó tirado en el piso de su propio camión, el Costa Line 2510,
y oyó los disparos de armas de fuego cerca del Zócalo de Iguala:
"escuchaba cuando los impactos golpeaban la lámina del autobús por la parte de afuera, y a pesar de ello las personas que manejaban los autobuses ni se detenían y siguieron avanzando por
la calle de Álvarez, sin poder ver quiénes les disparaban, y ya cerca
del Periférico sentí cómo el autobús se detuvo y oí cómo los
que iban en el autobús comenzaron a gritar: 'No disparen, no
disparen, somos normalistas de Ayotzinapa' y se bajaron".

Iban a tratar de quitar una patrulla que una mujer policía
había atravesado justo enfrente del Aurrerá. La balacera se inten-
sificó y el chofer-testigo, que se había colocado en un asiento,
volvió a echarse al piso y desde allí escuchó cómo "los individuos que me habían desapoderado del autobús gritaban como
locos que ya habían matado a dos de sus compañeros".

Cuando los policías y todos los que disparaban se fueron,
los muchachos se dispersaron y el chofer también bajó, pero no
podía llevarse su camión porque delante estaba inmóvil y estor-
bando el otro Costa Line, el 2012, con las llantas ponchadas.

Lo que ocurrió, y no pudo ver el chofer, es que los jóvenes
del primer autobús de la fila se bajaron para intentar obligar el
retiro de la patrulla lanzando piedras. Entonces los policías dispararon armas largas y el primero que cayó fue *el Garras* o *el
Güero*, joven estudiante de primer año originario de Ayutla de
los Libres, tal como contó la historia Uriel Gómez. Los jóvenes
se replegaron y se escondieron detrás del primer camión. Entre
tanto, otras patrullas con unos 30 policías disparaban y obligaban a bajar a los que iban en el tercer autobús, el Estrella de

Oro, les propinaban culatazos y los obligaban a ponerse boca abajo contra el suelo.

Allí fueron tomados buena parte de los 43 normalistas desaparecidos. Otros fueron capturados del otro Estrella de Oro, el 1531, frente al Palacio de Justicia, ya en la carretera; algunos más habrían sido sometidos, mientras huían corriendo de las balas, por civiles armados y encapuchados.

Puesto que actuaron con los rostros embozados, esos agresores lo mismo podrían ser sicarios de los Guerreros Unidos que policías locales, estatales o federales; cabe la posibilidad de que fueran soldados o marinos sin uniforme, los llamados Gizes (grupos de información de zona), a los que ahora se suele denominar Obis (por su pertenencia a los Órganos de Búsqueda de Información, como publicaron Anabel Hernández y Steve Fisher en *Proceso* el 6 de septiembre de 2015, en el reportaje titulado "Inocultable, la participación militar"), tapadas como estaban sus cabezas, encubiertas sus verdaderas identidades.

4) Los normalistas registran en sus celulares el momento en que policías comienzan a recoger los casquillos regados en la escena del crimen, para borrar las huellas de su actuar. Los jóvenes, a su vez, para contrarrestar la maniobra encubridora, colocaban piedras como señal del sitio donde hubo casquillos que testificaban la balacera. Cuando a la medianoche los estudiantes improvisaron una rueda de prensa para informar a periodistas locales y corresponsales que se habían atrevido a llegar hasta el sitio de la peor balacera, de pronto aparecieron unos 14 individuos armados y encapuchados, aparentemente de negro y de civil (porque era noche y no había luz suficiente), quienes dispararon por cuarta vez contra este grupo de jóvenes y mataron a dos de los estudiantes, cuyos cuerpos quedaron tendidos junto a los autobuses. Hicieron cientos de disparos desde el otro lado de la avenida, en un escenario de una violencia anterior que para esas horas ya debía haber estado resguardado por la autoridad. Pero había un problema insalvable: el gobierno era parte muy activa de la agresión.

5) Entretanto, uno de los dos camiones que habían tomado el camino directo por Ignacio Manuel Altamirano hacia la carretera, por el Periférico Sur, también fue agredido. Era el segundo Estrella de Oro, el 1531, que no circuló por el centro de Iguala, sino que logró salir por otras calles hacia el Periférico, donde viajaban entre 13 y 15 normalistas. Fue baleado y sus ocupantes obligados a bajar. Desde entonces no aparecen, ni vivos ni muertos, excepto un hueso que, analizado en la Universidad de Innsbruck, en Austria, se dijo que perteneció al normalista Alexander Mora Venancio. Un comandante del 27 Batallón de Infantería confesó que vio esa agresión y también cómo se llevaban a todos los normalistas que bajaron del Estrella de Oro, reportan Anabel Hernández y Steve Fisher en el citado reportaje.

El informe final de los expertos Ángela Buitrago, Claudia Paz, Carlos Beristáin, Alejandro Valencia y Francisco Cox concluye en este punto:

> Frente al Palacio de Justicia de Iguala, en la salida a Chilpancingo, un autobús Estrella de Oro 1531, con 15 a 20 normalistas, es detenido y destrozado por policías municipales de Iguala y sus ocupantes golpeados, obligados a bajar del bus, detenidos y desaparecidos posteriormente.
>
> Según un testigo, se disparó contra uno de los normalistas. La acción duró aproximadamente entre 45 minutos y una hora, desde las 21:40 del día 26. Es decir, en un escenario simultáneo al ataque en Juan N. Álvarez y Periférico Norte.

Todo lo cual habla, según los propios expertos del GIEI, de acciones coordinadas y de gran magnitud. ¿Cómo es posible un hecho de esa envergadura?, se preguntaron. Durante estos hechos violentos hubo unas 180 personas "víctimas directas de diferentes violaciones de derechos humanos".

6) Ya que iban de salida de Iguala, otros 14 normalistas, ocupantes del Estrella Roja 3278, recibieron llamadas de algunos compañeros a sus celulares y así se enteraron de que había un estudiante muerto en la otra ruta, "lo que provocó mucho miedo y coraje entre nosotros", contaría Alejandro Torres Pérez, con solamente tres meses de haber ingresado en la Normal:

> El chofer del camión tomó la carretera federal Iguala-Chilpancingo a una velocidad de setenta y dos kilómetros por hora [*sic*] y precisamente a 100 metros antes del puente peatonal, donde hay puestos de ferretería, cuando de pronto observamos que una camioneta de la policía municipal se encontraba atravesada, por lo que el chofer se detuvo totalmente y descendió de la unidad y empezó a platicar con los policías. Enseguida los compañeros y yo decidimos bajarnos voluntariamente del autobús.

Allí es donde aparece la patrulla de la Federal de Caminos. También curiosamente es el sitio en el que se hizo desaparecer la filmación de varias cámaras de video, incluidas las del Palacio de Justicia. Habría evidencia del inicio y la autoría de la desaparición forzada de un tercio de los no encontrados.

"Ya abajo nos empezaron a insultar los uniformados, sobre todo una mujer, diciéndonos: 'Hijos de su pinche madre, se van a morir como perros', 'hasta aquí llegaron'". Los jóvenes instintivamente recogieron piedras para defenderse, pero los policías les echaron luz de lámparas a la cara y les apuntaban con sus armas largas a la altura del pecho, a seis metros de distancia. "Empezamos a discutir y, debido a la tensión, decidimos retroceder caminando hacia atrás y, como se había normalizado la situación vehicular, decidimos correr otros 500 metros hacia atrás, hasta llegar al monte." De todos modos los jóvenes fueron atacados con armas.

En el cerro, los 14 normalistas se ocultaron en una casa abandonada durante 40 minutos y luego avanzaron por una terracería y lodazales hacia la caseta de cobro en la salida de Iguala, pero allí seguían entre 12 y 13 camionetas de la policía municipal, cuentan. "Fuimos descubiertos y entonces prendieron tres unidades y las dirigieron contra nosotros."

Otra vez al monte, escondidos más de media hora. Cuando bajaron a la carretera, pasaron justo al lado del autobús en el que habían llegado hasta ahí, pero no lo abordaron pensando que adentro había policías.

Cuando los normalistas rendían declaración, reconocieron en fotografías a la mujer policía que "en dos ocasiones trató de embestirnos… y no nos mató de milagro, pues nos aventamos a la banqueta", trotando después por 400 metros, con la patrulla a un lado y los policías lanzando insultos.

También accionaron sus armas de fuego contra mí y mis compañeros, atentando contra nuestra vida… inclusive varios de nosotros escuchamos que los balazos pasaban cerca de nuestra humanidad… por lo cual logramos escapar nuevamente por el monte y nos quedamos ahí hasta el día de hoy, 27 de septiembre a las seis horas.

Durante todo este tiempo también se generaron llamadas absurdas, unas verdaderas y otras falsas alarmas, todo para sembrar confusión, pues a través de la radio oficial de la policía se difundía que había balaceras en la central de abastos, luego que se atacaba a tiros la estación de bomberos y que había un tiroteo en la calle Juan Álvarez y que estaba detenido un autobús afuera de Grúas Román, a la altura de un puente que va a Cuernavaca, todo entre las 21 horas y la medianoche. Así se manipuló, desde el micrófono del radio operador José Natividad Elías Moreno, a la fuerza policial y a sus jefes, los Guerreros Unidos. Pero, ¿quién en realidad tenía control sobre Iguala? Si todos los pistoleros y los *halcones* sabían que habría normalistas desde que aún no llegaban a Iguala, no es posible que lo ignorara el ejército. Patrullas de la Policía Federal de Caminos siguieron a los dos autobuses Estrella de Oro desde que salieron de Chilpancingo; si eran monitoreados por el C4, si los sicarios ya los esperaban, era imposible que tanta información se le escapara a los militares.

Los expertos internacionales lograron saber que los militares, además de estar atentos al C4, lo manejaron durante buen tiempo esa noche: Un reporte de Protección Civil dice textualmente: "Asimismo, el despachador del C4 sigue indagando sobre más información, pero existe información que se le restringe, ya que dicha información es manejada por personal de la Sedena".

La orden de "pararlos a como dé lugar" parecería absurda. No se entiende. No guarda ninguna lógica ni en el cuándo y ni en el dónde ocurre: fue cerca de las 10 de la noche, exactamente cuando ya los normalistas tomaban por la salida de Iguala para regresar a Tixtla.

Tan inapelable instrucción es desmesurada por donde se le mire. Durante décadas los estudiantes y maestros (no sólo de Ayotzinapa) han practicado la toma temporal de autobuses para diversas actividades. Los concesionarios transportistas lo saben; lo consienten, al igual que los choferes, por lo cual no suelen confrontar a los jóvenes. Y menos agredirlos. Tienen instrucción de acompañarlos para manejar ellos mismos las unidades para que no se descompongan o se accidenten. Reciben su salario íntegro.

Esta vez, sin embargo, tres de los cinco autobuses (los otros dos iban por la carretera, en el camino contrario, por el Periférico Sur, sin entrar al centro de la ciudad de Iguala) primero fueron atacados cerca de la plaza principal, pues circulaban por la estrecha calle de Galeana que después se transforma en avenida Juan Álvarez.

El método de los policías acosadores es el mismo en esa zona céntrica que unas cuadras adelante, ya cuando la avenida Juan Álvarez está a punto de desembocar por Periférico Norte, que es la salida de la ciudad, y también para frenar a los que iban por la carretera: atravesar patrullas para impedir que los autobuses prosiguieran su marcha y luego disparar a los jóvenes cuando bajaban de los transportes e intentaban remover los vehículos-obstáculos a empujones, gritos, palos, patadas y pedradas.

No se respetaron mínimamente los protocolos de uso de la fuerza. Los ataques de uniformados y civiles armados fueron excesivos y era como si quisieran eliminar a un enemigo peligroso. Pero no eran sino jóvenes que no portaban armas, sino solamente piedras y palos para defenderse. Por confesiones de integrantes de los Guerreros Unidos que hoy están en prisión, se sabe que todo el tiempo actuaron mezclados y en total complicidad sicarios embozados y policías de uniforme.

7) Los Avispones iban eufóricos. Habían ganado 3 a 1 al equipo de Iguala, aunque eran los visitantes. Llegaron 33 entre jugadores, técnicos, familiares y compañeros a las 19:30, directamente a la unidad deportiva de Iguala. El partido de futbol comenzó a las 20:30 horas y, tras el triunfo en el encuentro, los

jóvenes tomaron un baño en el estadio y abordaron otra vez el autobús. Serían las 23:30 horas "cuando de repente escuché unos disparos de arma de fuego [...] desconozco de dónde venían y mi primera reacción fue tirarme debajo de mi asiento para cubrirme de las balas. Después de unos tres minutos escuchamos voces que decían: 'Bájense, hijos de la verga', y el profesor de entrenamiento físico les gritaba: 'Somos un equipo de futbol; los muchachos son jugadores', pero se escuchaba que varias personas intentaban abrir la puerta de acceso del autobús; sin embargo, no les fue posible", narró el defensa central del equipo, Héctor Maldonado Pineda.

Otro jugador, Alán Osvaldo Castañón Rojas, recordó que el camión salió a las 23:30 horas de regreso a Chilpancingo.

> Yo iba sentado en el tercer asiento de atrás hacia adelante, en la ventanilla del lado derecho, y como a cinco kilómetros de la salida de Iguala, rumbo a Chilpancingo, yo iba queriéndome dormir cuando escuché que mis compañeros empezaron a gritar que nos tiráramos al piso, porque había una balacera y en ese instante yo escuché como un trueno o como que algo había explotado y entonces vi que los vidrios de la ventanilla del autobús empezaron a romperse por una cantidad de disparos de arma de fuego, y lo que hice fue tirarme al piso, quedando de costado izquierdo en el pasillo, al tiempo que el autobús seguía recibiendo disparos, y en esos momentos pensé que me iba a morir; de pronto sentí que el autobús se ladeó y quedó estacionado fuera de la carretera.

Las balas habían roto el enorme parabrisas del autobús y perforado el vientre y el pecho de la humanidad del chofer, con lo que el vehículo quedó sin control y frenó su marcha al recargarse sobre un talud o promontorio.

Iván Daniel Rentería Galeana aporta un dato interesante:

Íbamos viendo una película, pero al llegar al crucero de la población de Santa Teresa, [al parecer policías y civiles encapuchados] empezaron a tirar balazos al autobús. Y tiraron de los dos lados de la carretera y también estaban de frente al autobús. Me tiré al piso, pero para entonces los vidrios de los cristales [*sic*] me habían lesionado en diferentes partes del cuerpo. Yo me asusté y no pude ver más, solamente me tiré al piso del camión y después alguien nos ayudó a salir y nos escondió en un sembradío de maíz; de allí salimos hasta que empezaron a llegar varios policías.

CARRETERA "TOMADA POR AYOTZINAPOS"

Más de 30 jugadores y técnicos de Los Avispones se libraron de morir a balazos o ser desaparecidos esa noche, como se infiere de lo declarado ante el Ministerio Público por el médico del equipo, Félix Pérez Pérez: "Al terminar el partido de futbol, como a las diez y media de la noche, pensamos en ir a cenar al centro de Iguala, pero los jugadores del otro equipo y varias personas nos dijeron que no fuéramos al centro porque estaba pasando algo malo, y tomamos la decisión de irnos a Chilpancingo y cenar allá".

Eso hubiera equivalido a ir a caer en manos de policías y de sicarios, que ya habían disparado contra los autobuses de los normalistas, que habían liquidado a tres de ellos y se habían llevado a decenas más secuestrados.

Prosigue la narración del doctor Félix:

Nos subimos al autobús y tomamos la carretera federal para Chilpancingo. A la salida de Iguala nos dijeron que la carretera estaba tomada por ayotzinapos, pero seguimos avanzando [...] Al ver desde lejos que la carretera estaba bloqueada, por un momento el chofer del autobús disminuyó la velocidad, pero decidimos seguir para ver si podíamos pasar. Al llegar al crucero de Santa Teresa, ahí estaban los ayotzinapos tapando la carretera [aquí se ve el prejuicio y la propaganda que, ya para esa hora, se dejaba correr de que grupos de normalistas vándalos habían invadido Iguala]; el chofer me dijo que pidiera a los muchachos que se calmaran y no hicieran escándalo y me paré en el pasillo para decirles a los jugadores que no hicieran ruido, pero en ese momento de todos lados empezaron a tirar balazos y les grité a los muchachos que se tiraran al piso del autobús [...] Sentí que el autobús se fue de lado y quedó a orilla de la carretera y escuché que el entrenador gritaba hacia las personas que disparaban que éramos un equipo de futbol y esas personas que disparaban con armas de fuego decían que les valía madre, que no les importaba, y exigían que nos bajáramos del autobús.

Por fortuna el vehículo de pasajeros quedó recargado sobre su lado derecho, precisamente donde estaba la puerta, lo que automáticamente la bloqueó.

Minutos después de que cesaron los disparos, Los Avispones salieron por las ventanillas como pudieron.

Los llevé a un sembradío de milpas para esconderlos y al último saqué a dos heridos, que son el profesor Pedro Rentería Lujano y el chofer, de quien no sé su nombre, pero está recibiendo atención médica [...] Desconozco por qué nos hayan disparado, ya que en el partido de futbol que se jugó no se tuvo ningún problema dentro de la cancha ni fuera de ésta.

Después de haber sacado a los dos heridos, volví a regresar al autobús y encontré a un muchacho mal herido, el cual estaba agonizando. Vi que tenía varios disparos de armas de fuego, toqué su pulso y estaba muy débil; en mi desesperación quise tapar sus heridas, pero con ello más se ahogaba y desafortunadamente allí falleció el muchacho dentro del autobús y sé que respondía al nombre de David Josué García Evangelista.

Leonel Fonz Noyola cuenta, en esencia, lo mismo que sus compañeros y aporta el nombre del preparador físico Jorge León Sáenz, quien era la persona que les gritaba a los agresores que todos los ocupantes del autobús eran un equipo de futbol. Con malas palabras, desde afuera respondían que eso no les importaba, "que se bajaran a la verga". Minutos después dejaron de disparar al autobús y se escuchó el arrancón de varios vehículos. Los jugadores y técnicos lograron destrabar la puerta para salir y otros brincaron desde las ventanillas.

(Éstos son sólo algunos de los testimonios que la autoridad tomó en el hospital, a los que se agregaron los de Luis Ángel Torreblanca Villanueva, el árbitro Noé Gutiérrez Rodríguez, Carlos Adame Flores, Luis Enrique Romero Morales. Todos ellos coinciden en que les dispararon a matar y que los vidrios de las ventanillas volaban en pedazos y otras balas perforaban la carrocería del vehículo de pasajeros.)

8) En el mismo lugar del ataque a Los Avispones se registró otro ataque contra un taxi y un camión. Varias personas fueron heridas de gravedad y muerta la señora Blanca Montiel.

9) Segundo ataque en Juan N. Álvarez casi esquina Periférico Norte, mientras se desarrollaba una rueda de prensa con periodistas y maestros que llegaron a Iguala a enterarse del porqué de las balaceras. Hubo patrullaje previo de policía municipal y agentes de Protección Civil y más de una docena de hombres armados vestidos de negro disparan indiscriminadamente.

Ahí mueren dos normalistas: Daniel Solís Gallardo y Julio César Ramírez Nava. Es secuestrado Julio César Mondragón y su cuerpo sin vida aparece a la mañana siguiente en un terreno a espaldas de una fábrica de refrescos, con el rostro arrancado y el cráneo hecho pedazos.

PERITAJES, AUTOBUSES Y ARMAS

El autobús que más balazos recibió fue el Volvo de la línea Castro Tours placas 434-RK-9, el que transportaba a Los Avispones de Chilpancingo, blanco con franjas verdes, aunque de noche "todos los gatos son pardos".

Las condiciones en que fue abandonado ese vehículo son la prueba de la intención criminal de aniquilar a los estudiantes de la Normal Isidro Burgos de Ayotzinapa, pues la unidad fue prácticamente acribillada de frente y por los costados, cerca de la medianoche, en una acción desesperada por no dejar salir de Iguala un autobús con jóvenes dentro. Había demasiada adrenalina, mucha ansiedad y prepotencia, tanta necesidad de impedir que el camión avanzara en las afueras de Iguala que llevó a los agresores a confundir ese autobús con los otros en que les dijeron que viajaban los *ayotzinapos*.

Esa acción corrobora que lo único que importaba a policías y sicarios, por encima inclusive de las vidas humanas, era impedir que cualquier transporte de pasajeros abandonara Iguala —la orden de pararlos a como diera lugar—, porque, ¿qué daño podrían causar esos jovencitos futbolistas entre las 23:20 y las 23:40 horas, casi la medianoche, cuando algunos dormían y otros comenzaban a ver una película ya habiendo recorrido al menos cinco kilómetros de carretera alejándose de esa ciudad violenta?

Exactamente 87 orificios e impactos en lámina, asientos, vidrios, marcos de ventanillas, neumáticos y rines contabilizaron los peritos Julián Vega Almazán y Rey Yáñez Sánchez. Nadie podía bajar del autobús, era suicida, por lo que todos los jóvenes se arrojaron al piso. Durante minutos, el transporte Volvo con placas 434-RK-9 fue una trampa mortal a merced de los francotiradores. Al dejar moribundo al conductor a balazos, la unidad se fue de lado. No volcó y provocó más muertes, gracias a que había un promontorio o talud de tierra que lo detuvo, cuando ya había salido de la carretera y así quedó ladeado. Al darse cuenta de su equivocación, los policías y los hombres armados vestidos de civil simplemente huyeron, como criminales que eran, sin auxiliar a nadie.

Era tal el frenesí homicida, que en el taxi en el que viajaba la señora Blanca Montiel los peritos hallaron 46 orificios e impactos, algunos de rifles AR-15, M-16, Mini-14, Bushmaster, AK-47, FN-FAL y G3, como los que rompieron las ventanillas y marcaron la carrocería del autobús.

Murió la señora Montiel, recibió heridas el chofer del taxi, perecieron dos ocupantes del camión Volvo de turismo de Castro Tours y hubo más de una docena de futbolistas heridos.

Pero además fue baleado allí mismo otro taxi, que nadie reportó porque no hubo muertos ni heridos, pero que fue analizado por los peritos en balística y en el cual ubicaron 37 impactos y orificios.

Al analizar los documentos del expediente HID/SCJ02/0993/2014 y el peritaje de balística forense número PGJEG/DGSP/10431/2014 de la procuraduría guerrerense, se puede constatar, sin duda alguna, que la noche del 26 al 27 de septiembre de 2014 lo que hubo en Iguala fue una cacería humana que pudo alcanzar dimensiones todavía más graves de las que provocó, porque se remitieron para ser analizados un total de 11 vehículos resguardados en dos corralones, abandonados por sus ocupantes porque recibieron disparos de armas de alto poder de fuego, a saber:

1 y 2. Dos autobuses de Costa Line (seis y nueve proyectiles ubicados).

3 y 4. Dos Estrella de Oro (31 impactos y orificios en el número 1568 que iba en la tercera posición por el centro de Iguala; pero solamente vidrios rotos del parabrisas, de dos ventanas traseras en ambos costados y en la puerta de acceso, pero sin hallar impactos de balas en carrocería, en el número 1531 del cual obligaron a los normalistas a bajar, que a su vez fue forzado a frenar porque la carretera estaba bloqueada. Allí fueron secuestrados entre 13 y 15 normalistas que ya no volvieron a aparecer.

(En estos cuatro autobuses viajaban normalistas de Ayotzinapa; hay un quinto camión que logró evadir los bloqueos de la policía y la delincuencia, cuyas características no aparecen en la averiguación oficial.)

5. Uno de Castro Tours de Los Avispones (87 balazos).

6 y 7. Dos automóviles que eran taxis: el Nissan Tsuru número económico 0785, placas 38-96-FFN, y el Nissan Tsuru número económico 092 de la ruta Iguala-Chilpancingo (46 y 37 impactos y agujeros de bala, respectivamente).

8. Una camioneta Urvan Nissan color blanca con franjas colores amarillo y naranja (15 orificios e impactos).

9. Un Chevy color arena, placas MBC-9797 del Estado de México (seis impactos y perforaciones).

10. Un Volkswagen tipo Pointer placas HBR-3526 de Guerrero (aparentemente sólo fue abandonado por sus ocupantes cuando vieron que había una balacera nutrida en la carretera. No observaron los peritos algún impacto de bala sobre él).

11. Una camioneta Explorer, marca Ford, placas HER-8631 de Guerrero (con 6 orificios producidos de afuera hacia adentro, de adelante hacia atrás, de derecha a izquierda y ligeramente de abajo hacia arriba, lo que implica que los francotiradores estaban en la cuneta o en posición de tiro acostados a la orilla de la carretera.

En algunos de estos vehículos particulares viajaban también normalistas que llegaron a Iguala a auxiliar a sus compañeros, cuando les informaron que eran baleados, perseguidos y decenas capturados. Hasta allí llegaron los disparos de manera indiscriminada.

Aquí hay, pues, más de 250 balazos registrados. Faltan todos aquellos que se fueron al aire en más de media docena de lugares, al piso, a las casas, a los cuerpos de los muchachos, los que dicen criminales y autoridades que se dispararon en Cocula o en Pueblo Viejo, los que se rumora que detonaron cerca del Zócalo de Iguala.

No se requieren más pruebas para concluir que en Iguala no hubo una masacre casual, sino una noche de muertes y desapariciones fríamente planeadas e intencionales. Esto concluye el análisis del Centro Tlachinollan, dado a conocer a finales de agosto de 2015:

Nos queda claro que los crímenes del 26 de septiembre no fueron un hecho aislado... Los normalistas estuvieron monitoreados por fuerzas federales y estatales de seguridad y castrenses, desde que salieron de la escuela hasta cuando corrían horrorizados por las calles de Iguala pidiendo refugio y asilo.

Los testimonios ilustran la presencia de elementos del Ejército mexicano y de la Policía Federal en los diferentes puntos de agresión. La deducción lógica no explica cómo desde las nueve de la noche hasta las cinco de la mañana (es decir, durante ocho horas) ninguna autoridad ni fuerza de seguridad hizo acto de presencia para prevenir muertes y desapariciones... ¿y cómo en una toma de autopista o edificio público en 20 minutos llegan más de mil policías?

8

La heroína que sí pasó

¿Cuántos viajes en automóviles, camionetas, autobuses, tracto-camiones, y demás vehículos de carga, desde las Estaquitas hasta los Torton, se requieren para sacar decenas de toneladas de goma de opio de las zonas amapoleras de Guerrero? ¿Cuántos contra-bandos hormiga para sacar la heroína ya obtenida en decenas de laboratorios, o "cocinas" como familiarmente las llaman los tra-ficantes? La heroína guerrerense alimenta a más de la mitad del mercado de los adictos estadounidenses. La droga mexicana in-vade al país vecino: de eso no hay duda. ¿Y cómo sale desde aquí? El cotidiano tráfico de los opiáceos llega a Iguala sin pro-blemas. En los alrededores se han instalado retenes que no tienen otra razón de ser que la protección al narco, porque en los mo-mentos precisos, en las horas y para los vehículos pactados, sim-ple y convenientemente dejan pasar automotores previamente "aprobados", que no son revisados por orden de la autoridad.

Los comisionados en los filtros carreteros deben hacerse de la vista gorda o simplemente ausentarse cuando así lo orde-nan sus jefes. Este sistema de falsa vigilancia ha sido la tradicio-nal coladera para el trasiego de drogas, pero con careta de tarea cumplida.

En la madrugada del 4 de octubre de 2014 rindió su de-claración uno de los policías de Iguala con más experiencia.

Interrogado por el agente del Ministerio Público, Miguel Ángel Cuevas Aparicio, el hombre comenzó a describir este *modus operandi* consentido un día sí y otro también por autoridades de Iguala y los policías encargados de los retenes.

Honorio Antúnez Osorio ya no es un jovencito. Pero lo era cuando causó alta en el 27 Batallón de Infantería en Iguala, adscrito a la 35 Zona Militar en 1984. Después de pertenecer, entre 1991 y 1993, a la Jefatura Regional de servicio de materiales de guerra en la Novena Zona Militar, fue enviado a Ciudad Juárez en funciones similares. Se jubiló y, ya cuarentón, en 2006 ingresó a la Policía Municipal de Iguala.

Hoy tiene 51 y a partir de 2012 fue asignado a filtros y puestos de revisión en El Tomatal, El Naranjo y Loma del Coyote.

Justamente en septiembre de 2014 se le encomendó ir a Loma del Coyote a bordo de la patrulla 007, una Ranger de doble cabina, con sus compañeros Alfonso Reyes Pascual alias *Guanchope* y Julio Salgado. Allí el ex militar Antúnez escuchó a Reyes Pascual o Rey Pascual comunicarse, vía radio Matra, con otro policía de apellido Vieyra alias *el Taxco*, quien le dio instrucciones de que, cuando pasara una camioneta roja de Protección Civil, los demás elementos nos moviéramos de ahí "y que no se revisara ningún vehículo", porque estaba pasando la camioneta oficial, casi siempre seguida de otros vehículos, autorizados para transportar cocaína y personas que se iban desde allí al poblado de El Naranjo, que está por la salida a Taxco.

Es decir, todas las drogas seguían la misma ruta de la heroína. Por el mismo rumbo está otro filtro que custodiaba usualmente el policía Pánfilo Quintero alias *Pangola* y en algunas ocasiones Rey Pascual, "quien siempre se hace acompañar de su hermano Marco Antonio Pascual alias *la Mula*; siempre andaban juntos". Delante de Fernando Pantoja y Pánfilo Quintero, en una ocasión "le pregunté a mi B12 Alfonso Reyes Pascual alias *Guanchope* que por qué se le permitía el paso libre a ese vehículo. Que eso me valía madres, me respondió, 'ya que era del jefe'. Entonces le dije: '¿De Valladares?', situación que le molestó aún más y gritando señaló: 'Cállate el hocico', que no mencionara el nombre del jefe".

Honorio, el policía ex militar, cuenta que corroboró estos hechos con su compañero Guadalupe Arriaga, quien cuando pasaba la camioneta oficial decía: "ahí van esos coches de nuevo", "vienen a hacer sus chingaderas y luego se van", refiriéndose a que siempre se entrevistaban, antes de ingresar a Iguala, con Francisco Salgado Valladares, director de la Secretaría de Seguridad Pública de esa ciudad, el mismo que la noche del 26 de septiembre ordenó por radio y teléfono parar los autobuses "a como diera lugar", por instrucciones precisas del "A-5", clave con la que se identificaba el alcalde José Luis Abarca Velázquez.

Ese jefe al que le urgía impedir que los autobuses salieran de Iguala, Francisco Salgado Valladares, era ni más ni menos que el controlador principal del paso de droga y de las cantidades que se manejaban. De ninguna manera iba a permitir que se extraviara un cargamento ya contabilizado por los Guerreros Unidos, ya sumado al activo del cártel. No era posible que, por un error de logística de quienes se encargaron de empaquetar y colocar la droga en el autobús o por la ignorancia de quienes secuestraban el camión la droga tuviera un futuro incierto después de pactada y colocada de manera que ninguna revisión oficial pudiera ubicarla, embarcada ya con ruta y destino previstos, ya con un mercado asegurado.

Que no le daban dinero por hacerse de la vista gorda, aseguraba Honorio, pero sí lo amenazaban con enviarlo a la policía de Cocula, municipio de Teloloapan, si hablaba del asunto. Que la camioneta tolerada, con permiso de circular con cargas ilícitas que ha mencionado, tiene las siguientes características: es roja, tiene una torreta, luces luminosas, un tubo sobre la ceja, que tiene dos luces arriba; la tapa de atrás es blanca, no cuenta con placa en la parte trasera. Que este vehículo lo veía como a 20 metros de distancia, porque "mi B12 [jefe de grupo] Reyes Pascual siempre nos ordenaba alejarnos de allí" cuando pasaba la camioneta.

La mujer policía Verónica Bahena era la encargada de avisar a su pareja sentimental Héctor Aguilar alias *el Chombo* cuando iba a pasar algún convoy de militares o policías federales. Usaba la clave 67, que quiere decir "alerta", y también le informaba directamente al jefe Salgado Valladares para que no coincidieran y se toparan los vehículos con droga y los convoyes de vigilancia federal.

Por reportar actividades y movimientos, o por simplemente cerrar la boca, los Guerreros Unidos repartían al menos 2 mil pesos mensuales a cada uno de los policías-*halcones*, por medio de sus jefes. Era como un sobresueldo, porque los policías continuaban cobrando del erario y fingiendo que cumplían con sus deberes de vigilancia.

HUBO DROGA LA TARDE DEL 26

Otro policía, Salvador Herrera Román, confirmó ante el Ministerio Público (14 de octubre de 2014) que estaba comisionado en el puesto de revisión que está a unos 20 minutos al poniente de Iguala, justo a la entrada del pueblo de Ahuehuepan, rumbo a Teloloapan, y actuaba "bajo las órdenes del policía tercero Rey Flores".

Además de Salvador, hay otros tres elementos que utilizan la patrulla 09, una Ford con cabina, y un radio de comunicación Matra, que en ese lugar no funciona bien: "No tiene buena señal porque la red está caída". Tampoco hay señal para los celulares en Ahuehuepan.

El fatídico 26 de septiembre de 2014 los policías fueron, como era la rutina diaria, por sus armas largas, fusiles .223 marca Beretta, y pistolas también Pietro Beretta de 9 milímetros. No hubo mayores novedades en el retén. Después de la comida, pasó el comandante Rey Flores y ordenó a sus hombres ir a hacer "un recorrido de rutina" por el pueblo. "¿Y qué hacemos con el retén?", tímidamente preguntaron los subalternos. El jefe reiteró la orden de manera tajante. Tardaron poco más de una hora en esa rara y distractora tarea, sin aparente razón de ser, pero dejando sin vigilancia el filtro carretero. Y retornaron para pasar en el puesto de revisión toda la noche otra vez, hasta que a las siete y media de la mañana nuevamente el jefe pasó por ellos para llevarlos al edificio de la policía estatal.

Se les indicó a estos policías del retén, ahora retenidos, que caminaran por un pasillo rumbo a una cancha de basquetbol. Y en el recorrido vieron que estaban varios individuos encapuchados, quienes los señalaron con el dedo moviéndolo en sentido afirmativo.

"Como a las 11 de la mañana me enteré que unos futbolistas habían ido a Iguala a jugar un partido de futbol y que había habido un desbarajuste, sin saber de qué se trataba, razón por la cual estoy en la mejor disposición de que se realicen las pruebas o diligencias necesarias para el esclarecimiento de los hechos y que específicamente se me haga el dictamen en materia de rodizonato o lo que se necesite, pues la última vez que disparé fue hace más de un año, cuando fui a realizar prácticas", decía inocentemente Salvador Herrera Román, a quien su propio jefe había entregado a la autoridad, sin deberla ni temerla, según su primeras declaraciones.

La maniobra distractora realizada por el jefe Rey Flores, justamente el 26 de septiembre por la tarde, con el consecuente abandono en la vigilancia del retén instalado en Ahuehuepan para revisar cada vehículo que transita por ahí, tiene todos los visos de haber franqueado el paso de algún transporte con carga ilícita previamente autorizada por mandos superiores.

Los tiempos dan para que la droga haya podido colocarse o programarse para ser ubicada dentro del autobús Costa Line que llegó de México a Iguala el viernes 26 a las 18:30 horas y que saldría, operado por Ismael Sánchez Hernández, a las 7:50 del sábado 27 de regreso al Distrito Federal. Transcurrirían más de 12 horas de estancia del transporte en la terminal de Iguala. Las dos y media primeras el chofer se ausentó de la unidad y regresó por sus llaves hasta las 21 horas. Y no es que un conductor deba estar enterado si se utiliza el autobús a su cargo para algún trasiego ilícito, pero este Costa Line 2510 era un vehículo ideal para ser "cargado" con droga.

De hecho podría ser cualquiera, pues los transportes de pasajeros van lo mismo a la capital del país que a Chilpancingo, Acapulco y otros puntos de posible entrega-recepción de cargamentos ilícitos. Ya hay corridas directas desde Iguala hasta la frontera norte, asunto que jamás ha inquietado a las autoridades antidrogas ni lo ven sospechoso.

Lo cierto es que aparece, en actas ministeriales, la descripción de un descuido ordenado y programado en un retén carretero a unos pocos kilómetros al poniente de Iguala. Eso ocurrió a las cinco de la tarde, cuatro horas antes de que comenzara la embestida contra los normalistas por la orden tajante del "párenlos a como dé lugar".

Otro posible portador de la droga era el autobús 2513 de Costa Line-Estrella Roja del Sur, que recién llegaba de Acapulco y que al final los normalistas no pudieron tomar, pues el chofer Alejandro Romero Bustos los encerró. Minutos antes los estudiantes habían entrado en la terminal de Iguala a bordo del camión. Romero se escondió para que los otros normalistas no pudieran encontrarlo.

Valga esta drástica comparación: el 13 de agosto de 2015 fueron ejecutadas a balazos seis personas en La Taberna, de la ciudad de Orizaba, Veracruz. En el grupo estaban los jefes de los Zetas en la plaza, José Márquez Balderas *el Chichi* y Felipe Santana Hernández *el Felino*, departiendo con el ex corresponsal de Televisa Juan Heriberto Sánchez Cabrera. Más allá de la complicidad o amistad entre delincuentes y algunos comunicadores, lo que importa destacar aquí es que una manta aparecida una semana antes en la autopista Córdoba-Orizaba anunciaba ataques de los Cárteles Unidos, que se supone aglutinaría a los Ántrax, al cártel de Sinaloa y al de Jalisco Nueva Generación, contra los Zetas, dominantes en Veracruz y en la costa del Golfo de México. En una parte del mensaje se leía: "Todo Córdoba y la región sabe que ustedes mueven su droga, armas y dinero en taxis".

En Iguala también. El trasiego de toneladas de goma de opio y de heroína se opera en autobuses de pasajeros y en camiones de carga, en tractocamiones, en vehículos particulares y en rutas de colectivos que conectan poblaciones cercanas. ¿Acaso hay modos más económicos y accesibles para sacar la droga desde los campos amapoleros hasta Chicago, Los Ángeles o cualquier ciudad del país vecino?

"¡Captúrenlos a todos!", vociferaba aquella noche de septiembre el radio operador José Natividad Elías Moreno, según contó el supervisor de tránsito municipal, Francisco Narciso Campos. Pero lo hacía por órdenes precisas del secretario de Seguridad Pública, Francisco Salgado Valladares, el mismo que autorizaba el paso de camionetas cargadas por los retenes, ordenando que nadie las revisara.

Además de transmitir sus órdenes al radio operador, Salgado Valladares personalmente llamó a varias patrullas para impedir a toda costa que los jóvenes y los autobuses se fueran de Iguala.

Y en testimonios ministeriales aparece que Salgado Valladares emitió el "párenlos a como dé lugar" por instrucciones precisas del alcalde José Luis Abarca, pero las culpas y las responsabilidades no son tan locales, no se quedan en el ámbito municipal, sino en el estatal y, sobre todo, en el federal, que permitió que toda esta pudrición progresara.

David Cruz Hernández, apodado *el Chino*, empleado de Protección Civil del municipio de Iguala, pidió a su comandante Federico León Rubio que lo mandara a cubrir el partido de futbol entre la selección de Iguala y Los Avispones de Chilpancingo, en vez de acudir al informe del DIF de la esposa del alcalde, María de los Ángeles Pineda, en la explanada del Palacio Municipal. Se fue en la camioneta Ford con número de serie PC-03: "Cuando terminó el primer tiempo [21:15 horas], iba ganando Iguala 1-0, y en ese momento escuché por el radio portátil que estaban reportando de la base de Protección Civil una clave 200, que quiere decir 'balacera'; la reportaban a la altura de la explanada del Palacio Municipal de Iguala".

El Chino se dirigió al lugar y en el trayecto escuchó por las frecuencias de la policía que había personas heridas a la altura del Puente del Chipote. Al pasar por ese sitio vio que tres o cuatro camionetas de la policía municipal impedían el paso de dos autobuses. De esos transportes "bajaron aproximadamente 40 personas, todos civiles; algunos de ellos portaban armas de fuego, tipo escopetas, pero no escuché disparos y algunos de ellos abordaron una Urvan color blanco del servicio público y otros abordaron una Suburban y enseguida tomaron rumbo a la colonia Loma de los Pajaritos". Los policías nada hicieron por detenerlos. (Si es verdad que iban armados, se trataba de sicarios de los Guerreros Unidos, pues ni uno solo de los normalistas portaba algún arma y menos tipo escopeta o rifle.)

Otra vez por la radio *el Chino* se enteró de que había un herido cerca del Periférico, en la avenida Juan Álvarez, "por lo cual me dirigí a ese lugar y al llegar observé que había varios policías municipales resguardando el lugar, así como desviando la circulación de vehículos [...] Todos los policías estaban encapuchados, sin que se les viera la cara". (¿Eran todos policías o había sicarios o inclusive militares de negro entre ellos?)

Tienen razón los expertos de la Comisión Interamericana de Derechos Humanos, Claudia Paz, de Guatemala, y Ángela Buitrago, de Colombia; los juristas colombiano Alejandro Valencia y chileno Francisco Cox, además del español Carlos Martín Beristáin, cuando piden que se esclarezcan perfectamente los tiempos y las circunstancias de la toma de autobuses:

Primero hay dos autobuses tomados por los normalistas; en éstos van a tomar otros vehículos. Hay un tercer bus que los normalistas toman en lo que se llama la Casa del Cura o cruce de Huitzuco [en la carretera, antes de entrar a Iguala], en el que algunos normalistas se suben para ir a la Central de Autobuses de Iguala. Cuando llegan a la terminal, [a los jóvenes] los encierran y no pueden salir. Llaman a sus compañeros y los dos primeros buses van a la central. En ese segundo escenario hay ya tres buses. De ahí salen ya cinco vehículos. Cada uno tiene diferentes trayectorias o rutas.

Todo parecía indicar que uno de los tres camiones tomados en Iguala pudo haber librado la línea de las balaceras, la muerte y las desapariciones, porque no fue reportado a un corralón, ni se le hicieron peritajes por haber recibido disparos. Simplemente no aparece en actuaciones con número económico ni placas y, según testimonios de varios normalistas y los demás choferes, era un ETR (Estrella Roja del Sur), que pasó por la carretera rumbo a Chilpancingo, después de las 21:00 horas, sin toparse aparentemente con policías o sicarios ni con nadie más que le ordenara parar. Era demasiada fortuna para ser verdad. En realidad, aunque ya iba tomando la carretera, dejando atrás Iguala, cerca del Palacio de Justicia fue retenido en un puesto de revisión de la Policía Federal de Caminos. Un policía, apuntándoles con su arma, les gritó: "Hijos de su puta madre, ¡alto!" Los jóvenes retrocedieron y subieron unas escalinatas por el llamado Cerro de la Bandera, mientras los policías disparaban y gritaban: "¡Deténganse, cabrones, o los vamos a chingar!" A 10 jóvenes les dio asilo una mujer en su casa, donde permanecieron hasta la madrugada del día 27, cuando se encontraron con varios compañeros y todos se presentaron ante el Ministerio Público. Otros cuatro caminaron durante horas, cruzaron un cerro y al final hallaron refugio con una familia, hasta las cinco de la mañana, cuando fueron a la Fiscalía de la Zona Norte. Hay que destacar que los normalistas se presentaron voluntariamente a declarar porque no tenían delito, ni el mínimo asomo de conducta ilegal que esconder. Esta comparecencia ante la autoridad demuestra, por sí misma, cómo los únicos agredidos fueron los normalistas.

Otros sitios en los cuales hay que confrontar las declaraciones con una inspección física de los hechos —recomendaron los expertos internacionales— es la calle Juan N. Álvarez camino al Periférico, que es donde se da el ataque más agresivo (tercera emboscada, digo yo). Casi dos horas después ocurre otra agresión armada en el mismo sitio de Juan Álvarez. Había autobuses que tomaron un camino diferente.

Otro escenario es el Hospital Cristina, donde se refugian varios estudiantes y los médicos no atienden a un herido. Hasta ahí los normalistas son seguidos por militares. Hay otro escenario adicional donde es atacado el camión de Los Avispones Verdes.

"De los autobuses —explicó el investigador Beristáin— sólo hemos visto las imágenes que están en los expedientes, pero varios de ellos ya fueron reparados, remodelados y están operando en sus rutas habituales."

Hay más cosas inexplicables que saltan de los prontuarios ministeriales. Por ejemplo cuando varios policías, entre ellos Baltazar Martínez Casarrubias, cuentan cómo el radio operador policial en Iguala, Natividad Elías Moreno, quien cada media hora debe estar checando si no hay novedades y si todos los policías están en los lugares a los que fueron asignados, dio una extraña orden cerca de las 19 horas del 26 de septiembre:

El radio operador me dio la indicación de que apagara mi radio de comunicación por un lapso aproximado de cinco horas, esto en virtud de que se iba a llevar a cabo en la Plaza de las Tres Garantías de la ciudad de Iguala, Guerrero, el informe de la C. María de los Ángeles Pineda de Abarca, quien es la presidenta del DIF municipal […] y que esto iba a permitir que no hubiera interferencias durante el evento, por lo cual llevé a cabo la indicación y apagué el radio para de esta forma seguir con mis actividades.

Después de las 12 de la noche, Baltazar encendió nuevamente su radio y se reportó sin novedad otra vez con Natividad Elías Moreno. El policía Baltazar Martínez Casarrubias transmitió este reporte porque se hallaba en la gasolinera que está en la carretera de Iguala a Taxco, frente a la Central de Abasto, donde, efectivamente, ninguna balacera había ocurrido. Allí fue comisionado por su jefe Alejandro Tenexcalco Mejía, donde debía permanecer 24 horas continuas, siempre, por otras tantas de descanso. Otra vez a las 00:30 horas, ya la madrugada del sábado, se le ordenó bajar el volumen o apagar el radio de comunicación con la policía. "Al mismo tiempo se me indicó que buscara algún lugar seguro dónde protegerme, porque se había suscitado un problema […] Junto con los trabajadores que estaban laborando en esa hora, nos replegamos a la parte posterior del estacionamiento de la misma gasolinera, lugar en el que permanecimos hasta las primeras horas de la madrugada del mismo día sábado."

Este y otros policías fueron presentados como presuntos culpables de las balaceras, aunque ni siquiera estuvieron cerca de esos hechos, como se infiere de esta minuciosa declaración. Hubo, pues, toda una maniobra oficial para encubrir a los agresores reales, particularmente a los "bélicos" que actúan conjuntamente con sicarios de los Guerreros Unidos.

Es el caso también de Nicolás Delgado Arellano, quien andaba persiguiendo a un par de briagos que escandalizaban por la colonia Ruffo Figueroa. En cuanto los entregó al juez calificador llamado Ulises "N", de pronto fue llamado por su comandante Alejandro Andrade de la Cruz para acudir frente al Palacio de Acapulco que está por la carretera México-Acapulco. "Que habían reportado una riña, pero al llegar al lugar ya no había casi nadie y encontramos sólo una patrulla de la Policía Federal." De allí les pidieron concentrarse en el cuartel de la policía estatal, junto al reclusorio de Tuxpan. "Esa noche estaba lloviendo."

Arturo Calvario Villalba fue enviado a un filtro que está en la desviación a Tomatal, bajo el mando del comandante Arturo López Martínez y cuatro elementos más, aquella fatídica noche. Los únicos detenidos en esa jornada nocturna fueron cinco individuos que iban en estado de ebriedad en una camioneta y "se portaron impertinentes". Los remitieron al juez calificador y luego todos esos policías que habían estado en misiones en las orillas de Iguala fueron concentrados en un cuartel y señalados con el dedo índice por individuos encapuchados que estaban en el cuartel estatal.

"Nos formaron. Para ellos éramos aproximadamente 200 elementos de la policía municipal [...] y una persona ya de edad, barbón, acompañado de otros dos sujetos encapuchados, me señalaron al ir pasando y el sujeto de barba decía dónde debíamos colocarnos, separándonos de los otros compañeros. Y somos 22 policías a los que nos señalaron y estamos detenidos, por lo que estoy inconforme. En lo personal, desconozco por qué estoy aquí y de qué me hablan", le dijo Calvario Villalba al agente del Ministerio Público.

Algo similar le ocurrió a José Luis Hidalgo Pérez, su comandante, con quien viajaba en la patrulla 026. Dejaron a los ebrios con el juez de barandilla "y de allí nos trasladamos hacia el centro de Iguala, porque vía radio nos hicieron del conocimiento que supuestamente por el zócalo unas personas estaban robando y al llegar al lugar nos percatamos de que no había nada relacionado con un robo. Luego le dimos por la calle Álvarez y nos hablaron vía radio que nos concentráramos en las oficinas del cuartel de la Policía Federal Preventiva que se ubica cerca de la terminal de autobuses Estrella de Oro. Para esto ya eran aproximadamente entre las 23 y las cero horas. Había concentrados otros compañeros de la corporación con sus patrullas".

Allí los policías estuvieron hasta cerca de las dos de la mañana y se les ordenó entonces concentrarse en el cuartel de la policía estatal.

Otro testimonio que apunta a una prefabricación de culpables, entre los mismos policías, porque evidentemente había muchos retenidos que era del todo imposible que hubiesen participado en las balaceras, es el de la mujer policía tercero Margarita Contreras Castillo, asignada esa noche a la estación de ferrocarril (su horario era de 24 horas de servicio por 24 de descanso).

Una forma clásica de entorpecer y alargar las averiguaciones es nombrar a falsos culpables y dejar intocados a los verdaderos agresores. En lo que se aclaran las cosas pueden ocurrir nuevos acontecimientos que le den un vuelco a las pesquisas, aunque en este caso homicidios, lesiones, desaparecidos, actuación delincuencial conjunta de policías y sicarios, versiones increíbles de la autoridad, todo junto no ha logrado acallar el reclamo y las protestas de los familiares, que en México y en el extranjero siguen exigiendo el hallazgo con vida de los 43 normalistas víctimas de desaparición forzada.

Otra posibilidad, no tan remota en el país de las prefabricaciones, es que los policías que tienen coartada hayan sido aleccionados para dar una versión que oculte su participación real en las balaceras. Porque no hay testigos que los desmientan (como era el caso del descuido y abandono de los retenes carreteros durante horas clave, para dejar pasar vehículos con droga). Lo que importa es enredar los acontecimientos para ocultar la verdad.

Estando allí Margarita Contreras —según le dijo al Ministerio Público— escuchó por la radio de la corporación que el informe del DIF de la señora María de los Ángeles Pineda, esposa del alcalde, en la explanada municipal, había transcurrido y concluido sin incidentes cerca de las ocho de la noche. Pero entre las 22:00 y las 22:30 horas "escuché vía radio que se había suscitado un hecho donde referían habían detonaciones en un 38, aclarando que la clave 38 significa autobús, pero no señalaron el lugar del hecho […] A las 24:00 horas me indicaron, vía radio operador Natividad, que debía estar en 67 dentro del lugar donde me encontraba de servicio y que evitara estar a la vista por mi propia seguridad […] señalo que la clave 67 significa que estemos atentos al radio".

La siguiente indicación se le dio a las tres de la mañana del sábado 27 de septiembre, cuando el radio operador pedía a los comandantes de las patrullas que se concentraran en la Policía Federal, sin mayor explicación; a las 04:30 verificaron que Margarita estuviera en su puesto y ella reportó que estaba en su sitio y sin novedad alguna, y a las ocho de la mañana le ordenaron ir a entregar su arma y su radio y que de allí fuera inmediatamente al cuartel de la policía estatal. Cada policía debió pasar al frente y una persona los iba señalando para ponerlos en dos grupos. A Margarita la separaron con cerca de 20 compañeros más, se los llevaron a Chilpancingo y después a Acapulco en calidad de "retenidos" para investigación. Ella reiteró que pasó 24 horas en su función de vigilancia en la estación de ferrocarril, sin salir de ahí, y que nada supo de lo que ocurrió más allá de lo que se dijo en un mensaje por radio, porque le preguntaban si había visto patrullas por el Periférico, si algún mando de Seguridad Pública le ordenó disparar, si vio a otros policías cuando disparaban y si antes de usar su arma de fuego agotó los protocolos legales para el uso de la fuerza. Al final, la "retenida" pidió se le practicaran pruebas de rodizonato de sodio en ambas manos, pues no había disparado un arma desde que hacía dos años fue enviada a un curso de adiestramiento de dos meses.

Margarita tiene otro problema: resulta que un normalista de segundo año en Ayotzinapa reconoció a 19 policías, hombres y mujeres, en fotografías que le fueron mostradas, como quienes agredieron a los muchachos, matando a tres y secuestrando a decenas más. "La que aparece marcada con el número 2 y que ahora sé que responde al nombre de Margarita Contreras Castillo, la identifico plenamente como la mujer que nos aventaba la patrulla encima con intenciones de atropellar a nuestros compañeros."

¿Y LOS MILITARES QUÉ?

Es sabido de sobra que el Ejército está conectado con la radio de las policías en cualquier lugar del país, a través de los llamados C4 (Centros de Control, Comando, Comunicaciones y Cómputo). Concluir lo contrario sería absurdo, sería minimizar la capacidad de la autoridad castrense, como si la milicia estuviera ausente de los controles policiales de los civiles en cada región del país. Ni la práctica ni los manuales de coordinación para la seguridad lo permiten.

Por supuesto que los militares estuvieron al tanto de los movimientos de los normalistas inclusive antes de que ingresaran a la ciudad de Iguala. En el libro *Levantones, narcofosas y falsos positivos* dedico un capítulo entero a describir la función de los Gizes, los Grupos de Información de Zona que tiene habilitados la Secretaría de la Defensa Nacional en todos los puntos de la geografía nacional. Además, en cada batallón hay sectores dedicados a labores de inteligencia. Por eso puedo asegurar que, aunque hayan decidido esa noche no salir uniformados y ser vistos por la población, los militares tuvieron todo el tiempo el control de la ciudad. Confróntese nuevamente el artículo de Anabel Hernández y Steve Fisher del 6 de septiembre de 2015 en *Proceso*.

Si los soldados llegaron al hospital particular Cristina para interrogar a unos 25 normalistas que allí estaban para esperar que su compañero Edgar Vargas fuera atendido de un balazo en la boca, para tomarles fotografías, colocar sus nombres en una lista, revisar uno a uno los celulares ("¡Ah!, te gusta escuchar narcocorridos", se burlaban), acusarlos de allanamiento de morada, interrogarlos respecto de su actividad y sus antecedentes ("Más vale que digan su nombre real, porque si me dan uno falso jamás los van a encontrar"), engañarlos respecto de que llamarían a una ambulancia y a un médico, si los amenazaron con entregarlos a la policía municipal, es que sabían todo lo que había ocurrido.

Los militares del 27 Batallón de Infantería retaron a los jóvenes. Les dijeron que lo que les ocurría era consecuencia de su comportamiento y que ahora no se quejaran y que respondieran como hombrecitos ("Así como tienen huevos para hacer su desmadre, ahora tengan huevos para enfrentarlo", fue la frase textual que utilizaron para reconvenir a los jóvenes). Los militares cortaron cartucho y apuntaron contra los estudiantes a los que preguntaban: "¿Ustedes son los ayotzinapos?" Les quitaron celulares y los obligaron a poner en una mesa credenciales, llaves, carteras, dinero. Todas sus pertenencias.

Estaban hostigando a las evidentes víctimas con conocimiento de causa. Los soldados no actuaron en consecuencia, como ordenan los cánones. Es decir, no buscaron a quienes habían baleado al joven, porque les parecía casi natural que eso pudiera ocurrir en Iguala. ¿Dónde está el reporte de que el capitán

Crespo fue a la clínica y cuáles fueron sus acciones posteriores a esa visita nocturna? Los militares se ausentaron física y moralmente, les pareció ético no intervenir aunque hubiera sangre de por medio, como si eso no perteneciera al ámbito de su responsabilidad.

Hay un dato sugerente que publica el periodista de *Proceso* Álvaro Delgado: el capitán segundo de Infantería, inspector militar, José Martínez Crespo, adscrito al 27 Batallón de Infantería en Iguala, era "asiduo asistente a las ceremonias públicas del ex alcalde perredista José Luis Abarca Velázquez".

El capitán Martínez Crespo aparece en numerosas fotografías oficiales del ayuntamiento de Iguala, al lado del alcalde Abarca y de su jefe de policía, Felipe Flores Velázquez, ambos presos y acusados por supuesta complicidad en asesinatos, lesiones y desaparición de los 43 normalistas, pero sobre todo por estar aliados en delincuencia organizada con los Guerreros Unidos.

Alguien llamó por un celular a los soldados, quienes se marcharon tan intempestivamente como habían llegado. No llamaron a una ambulancia para que se llevara a Edgar Andrés Vargas ni les preocupó que tuviera la mandíbula colgando. Actuaron con la misma desaprensión del agente del Ministerio Público que, después de recibir datos precisos de la masacre en Iguala, se dedicaba a interrogar a los policías con preguntas que nada tenían que ver con los hechos que se investigaban. Simplemente estaban enfocadas a demostrar la ignorancia de esos servidores públicos respecto de sus obligaciones y su desconocimiento total de normas y protocolos, hayan estado o no en los momentos de la peor violencia contra los normalistas.

Por ejemplo:

Que indique si sabe cuáles son sus obligaciones como elemento de la Secretaría de Seguridad Pública y Protección Civil.

Que diga si conoce cuál es la normatividad interna de la Secretaría de Seguridad Pública Municipal. Que indique dónde se encuentran establecidas sus obligaciones como elemento policiaco. Que indique si la dependencia en la que labora cuenta con protocolo de actuación para llevar a cabo la detención de personas. Que indique cuál es el procedimiento para llevar a cabo la detención. Que indique si sabe a qué se refiere el empleo del uso de la fuerza pública. Que indique si sabe en qué supuestos puede ejercer el uso de la fuerza pública. Que indique si ha recibido capacitación en materia del uso de la fuerza. Que indique en qué casos puede hacerse uso de las armas de fuego. Que indique cuáles son los casos en que se puede realizar un uso de la fuerza letal.

Y así por el estilo, hasta sumar más de 40 preguntas a cada policía. Era un interrogatorio similar a los de controles de confianza, para hacer caer en contradicciones a los policías, para hacerlos ver mal e ignorantes de los protocolos, para poder culparlos de las balaceras en las que no participaron. Pero los verdaderos culpables, en su mayoría, sean oficialmente policías u oficialmente sicarios y traficantes de drogas, estaban libres haciendo uso de armas y fuego letal indiscriminadamente, como siempre, sin que nadie les haya obligado a rendir cuentas.

Toda esta maniobra encubridora explica el saldo de cientos de muertos, secuestrados, hallados en fosas y desaparecidos en Iguala y sus alrededores en los meses anteriores, horror que se logró destapar después de desaparición de los 43 normalistas.

"Los crímenes de septiembre de 2014 son sólo los más recientes de una larga historia de atrocidades en Guerrero", como lo sugiere el descubrimiento de decenas de nuevas fosas con cadáveres, dice el informe de Open Society. De 80 grupos criminales identificados en la República mexicana, 26 tienen asiento en Guerrero. "Documentos de inteligencia revelan que el gobierno federal sospechaba que al menos 12 presidentes municipales de Guerrero, ocho de ellos del Partido de la Revolución Democrática, tenían presuntos vínculos con organizaciones criminales", asienta en la página 13, donde consigna que el Ejército, por falta de confianza en autoridades locales, habría tomado el control sobre 13 alcaldías guerrerenses.

Por lo demás, de los 19 434 homicidios dolosos registrados oficialmente en Guerrero de 2005 a 2014, en ninguno de esos años ha llegado a 10% el porcentaje de sentencias condenatorias. Nadie ha sido consignado en una larga historia de desapariciones forzadas y de torturas. "La impunidad ha sido absoluta." Es claro que se trata de una tragedia de dimensiones colosales que había permanecido oculta antes de septiembre de 2014.

9

Tres para "verdad histórica"

Jesús Murillo Karam, cuando fue procurador de la República, decidió ofrecer a la opinión pública la "verdad histórica" que más le satisfizo. Se hizo portavoz de la narrativa delincuencial de unos cuantos de los detenidos (tres, para ser exactos) por los hechos violentos del 26 y 27 de septiembre de 2014. Pero olímpicamente ignoró otra versión que aparece en los expedientes, quizá con más testigos y protagonistas que la del supuesto asesinato colectivo, la tortura y la cremación de los 43 normalistas de Ayotzinapa en el basurero de Cocula.

Peor aún. Jamás puso en duda la versión de tres delincuentes confesos, como si las palabras de los criminales fueran la quintaesencia de la verdad.

Debo advertir aquí que vamos a ingresar a un terreno fangoso, por la diversidad de dichos y hasta por las contradicciones entre los testimonios de los delincuentes y de sus aliados policías municipales (los agresores) y los de varios normalistas y los futbolistas y entrenadores del equipo Los Avispones (las víctimas de la noche fatal del 26 al 27 de septiembre de 2014).

Todo lo que se describe aquí aparece en declaraciones oficiales, a partir de las cuales los jueces deberán condenar o exonerar a más de un centenar de detenidos en cárceles de al menos seis estados de la República.

A pesar de estar asentados en documentos ministeriales, los testimonios de los agresores y de quienes sufrieron el embate mortífero no pueden tomarse como un dogma irrefutable, entre otras cosas porque se sabe de sobra que muchas confesiones fueron obtenidas mediante apremios físicos y psicológicos (tortura); porque varios escenarios de lugar, tiempo y circunstancia fueron prefabricados para desviar las pesquisas y, sobre todo, porque hubo divergencias entre las primeras indagatorias a cargo del gobierno de Guerrero, que quiso encubrir al alcalde José Luis Abarca a como diera lugar (perredista por conveniencia) para proteger al Partido de la Revolución Democrática (PRD) y a sus aliados cuando aún no renunciaba el gobernador Aguirre Rivero, y las pesquisas que, a partir de octubre, estuvieron ya bajo la responsabilidad de la PGR.

Sabemos, por experiencia, que una investigación —sobre todo cuando se trata de un caso relevante, como ocurrió con los asesinatos del cardenal Juan Jesús Posadas Ocampo, del candidato presidencial Luis Donaldo Colosio y del dirigente del Partido Revolucionario Institucional (PRI), José Francisco Ruiz Massieu, por citar ejemplos relevantes del pasado, pero también actuales, como el asesinato de cinco personas en la colonia Narvarte del Distrito Federal, entre ellas el fotorreportero Rubén Espinosa y la activista social Nadia Vera— suele sufrir tergiversaciones en el camino porque se politiza la justicia o se judicializa la política.

Fueron tantos y de tal magnitud los intereses involucrados en el caso Iguala, que el PRI hizo todo por recuperar, y lo logró, el gobierno de Guerrero. Un maltrecho PRD, herido de muerte, maniobró cuanto pudo, pero terminó por doblar las manos y fue obligado a abandonar la plaza, primero con la renuncia de Aguirre Rivero y luego a través del voto en las urnas.

Nadie, pues, tiene la verdad revelada. Más bien hay que desconfiar de cualquier versión oficial, porque los políticos son así: imprimen una carga e intencionalidad partidaria en todo su actuar, inclusive para lucrar con un tema tan sensible y doloroso como son los asesinatos y las desapariciones forzadas, como es este caso que hizo estallar en añicos la credibilidad del gobierno mexicano frente a la sociedad y en los ámbitos internacionales.

Quien primero convocó a la polémica fue el procurador de la República, Jesús Murillo Karam, cuando hizo declaraciones públicas y presentó videos editados de las confesiones de los supuestos asesinos de los 43 jóvenes como una verdad oficial, sin antes haber corroborado científicamente que cenizas y huesos diminutos hallados en bolsas negras de polietileno correspondieran genéticamente con los de los 43 ausentes. Y sin notificarlo a los familiares.

En sus prisas por cerrar el caso, no tuvo el cuidado de verificar los peritajes de sus propios expertos de la PGR en torno de decenas de cuerpos hallados en fosas clandestinas en Iguala y sus alrededores.

Para decirlo con todas sus letras, la PGR jamás buscó estudiantes vivos, sino cadáveres. Por eso no ordenó buscar dentro de los cuarteles militares ni corroboró la presencia de soldados y policías federales en las calles de Iguala en la noche del 26 al 27 de septiembre de 2014.

No se planteó la mínima posibilidad de que los delincuentes estuviesen mintiendo, como correspondería a una autoridad elementalmente responsable. Las declaraciones mismas de los confesos integrantes del grupo delincuencial Guerreros Unidos fueron extraídas en muchos casos bajo tortura, tal como ya confirmaron los expertos de la Comisión Interamericana de Derechos Humanos al interrogar a decenas de detenidos en cárceles de al menos seis estados de la República. Todo es posible en un sistema de procuración e impartición de justicia como el mexicano. Las versiones más convenientes para el caso podrían haber sido previamente acordadas y consentidas por la propia autoridad: primero la municipal, luego la estatal y finalmente la federal.

Por eso insisto en que Murillo Karam se convirtió en un "testigo de oídas". Voluntaria e ignorantemente fue parte de un juego criminal que no responde a resortes locales, regionales, nacionales y ni siquiera hemisféricos, sino a una globalización del fenómeno de las drogas en todos los continentes. Iguala viene a ser una pieza pequeña en extensión, pero grande en su influencia, de un ajedrez cuyas jugadas se definen a escala global.

Volviendo a lo terrenal y concreto, tan fue una pifia fenomenal y una tragicómica alharaca mediática lo dicho por Murillo Karam, que la nueva procuradora Arely Gómez, su sustituta, comunicó a los familiares de los 43 desaparecidos que el expediente está abierto y que la búsqueda de los normalistas continúa. Si esa búsqueda está viva, si el expediente está abierto, ¿dónde queda la "verdad histórica" de Murillo Karam, cuando dio carpetazo burocrático a indagatorias a las que faltaba muchos meses para concluir en la dependencia que él mismo presidía y ante los jueces?

(Continúa la búsqueda, sin que los militares permitan el acceso de investigadores y familiares a sus cuarteles para buscar a los jóvenes, y sin que elementos de tropa y oficiales siquiera acepten ser interrogados dentro de la investigación formal, como sugieren y han solicitado de manera oficial los expertos enviados de la Comisión Interamericana de Derechos Humanos.)

La "verdad histórica" de Murillo ya pasó a la historia.

La esbozó por primera vez el 7 de noviembre de 2014, por las urgencias de dar algún resultado, así fuere ridículo e increíble, sobre lo que pasó en Iguala, y así establecer una tregua con los familiares dolientes.

La razón era que el presidente Enrique Peña Nieto viajaba en las horas siguientes a China, a cumplir una visita de Estado, previa escala en Australia para participar en la Cumbre del Foro de Cooperación Económica Asia-Pacífico (APEC), también llamada Cumbre del Grupo de los 20. Por eso el gobierno tenía que dar una versión oficial de los hechos de Iguala a como diera lugar. Aunque el remedio resultó peor que la enfermedad, el procurador Murillo se comportó como lo que es, un político institucional, aun insultando a su propia inteligencia, y dio satisfacción a esa necesidad coyuntural presidencial.

El gobierno creía que así iba a apaciguar a los familiares, pero lo que hizo fue elevar el tono de la indignación y las protestas y pagar el precio de una total ausencia de credibilidad ante la ciudadanía desde entonces.

En resumen, Murillo Karam avaló la confesión de tres presuntos criminales para concluir que los cadáveres de 43 normalistas de Ayotzinapa habrían sido cremados hasta quedar reducidos a cenizas en una pira improvisada en el basurero de Cocula, Guerrero, muy cerca de la ciudad de Iguala.

Patricio Reyes Landa *el Pato*, Jonathan Osorio Cortés *el Jona* y Agustín García Reyes *el Cheje* se convirtieron en el escudo protector del inoportuno viaje de Peña Nieto a China y Australia.

Un video mostraba, de manera torpe y apresurada, a estos tres supuestos protagonistas de la ejecución y quema de los normalistas contando cómo recibieron a los estudiantes y los ejecutaron para luego arrojarlos al basurero de Cocula y colocarlos en una pira alimentada, según ellos, con diesel, con envases de plástico, neumáticos, ramas y trozos de madera. Absurdamente juran que durante 15 horas lograron mantener el fuego, el cual alcanzó temperaturas hasta de 1 600 grados, repetía el procurador Murillo Karam.

Jonathan Osorio Cortés, alias *el Jona*, ofreció un larguísimo testimonio en el que aseguró que le pagaban 12 mil pesos mensuales por ser sicario de los Guerreros Unidos (a los *halcones* cuya tarea era avisar, por medio de teléfonos celulares, de cualquier movimiento fuera de lo normal en Cocula y en Iguala, se les asignaba un sueldo de 7 500 pesos). Y habló de que por junio de 2014 a él, "al difunto *Chente* [Vicente Loza Sotelo, liquidado a balazos por los Rojos], al *Pollo* y al *Primo*" les ordenaron matar a cuatro personas "que eran malas" porque secuestraban y una de ellas robaba niños que trasladaba a Tijuana para venderlos; luego debían quemar los cadáveres en el basurero de Cocula.

En esa ocasión "el difunto *Chente* decapitó a los cuatro, mientras el *Primo* y el *Pollo* preparaban una plancha con piedras más o menos grandes, llantas que se colocaban entre medio y leña. Encima de esta plancha se colocaban los cuerpos y se incendiaban con diesel. El cocimiento duró como ocho horas. Para eso hay que estar atizando y meneando para que se calcinen bien los cuerpos. Ya estando consumidos en cenizas se apachurran con un tronco pesado y largo, machacando bien los huesos. Conforme se van aplastando y meneando se van convirtiendo en cenizas tan sencillas como las de un tronco bien calcinado".

Parece una copia, en menor escala, de lo que los testigos dijeron que ocurrió en el basurero de Cocula, pero no con cuatro, sino con 43 cuerpos.

El Jona describe cómo luego se limpiaba el lugar y se le tomaba una foto con un celular para enviarla al jefe, que era *el Cepillo* (Felipe Rodríguez Salgado), también apodado *el Terco*. Jonathan es uno de los tres testigos estrella que escogió la PGR

—entre más de 100 detenidos— para ofrecer "la verdad histórica" de una quema colectiva de decenas de normalistas en ese mismo basurero de Cocula, cuya filmación en video no aparece por ningún lado, como era normal en los usos y costumbres de los sicarios.

Primero narra que salieron como 40 policías de Cocula a Iguala, como a las 19:50 horas (los normalistas todavía ni siquiera habían llegado a la terminal de autobuses, aunque ya estaban a las afueras de Iguala, lo que habla de la capacidad de espionaje del grupo delincuencial, eso que llaman "halconeo" en el argot criminal). "Todos los policías iban encapuchados." Y luego los sicarios se reúnen en la casa de Patricio Reyes Landa *el Pato*.

El Jona es quien le responde así al Ministerio Público cuando le pregunta "si todos los estudiantes de Ayotzinapa están muertos" (*sic*, refiriéndose a los 43 desaparecidos):

> No. Yo calculo que por lo menos 10 u ocho de las personas que se quemaron no eran estudiantes; se distinguían porque usaban tenis y llevaban pasamontañas que escondían hasta entre sus calzones, tenían cabello más largo que los estudiantes, quienes iban casi pelones. Los estudiantes llevaban paliacates y huaraches. Era muy fácil distinguirlos hasta por la edad, el corte de cabello y la ropa.

Según *el Jona*, los de tenis y pelo largo eran del cártel enemigo de los Rojos y los encabezaban Bernardo Flores Alcaraz *el Cochiloco* y un "infiltrado", al parecer policía, a quien no menciona por su nombre. (En realidad no iban Rojos con los normalistas, pues quienes calzaban tenis, vestían jeans y tenían su pelo crecido también eran estudiantes, pero no de nuevo ingreso, no sujetos a la novatada de ser rapados, sino los que cursaban los grados superiores.)

Durante el interrogatorio, en octubre de 2014, se le muestran las fotos de los 43 desaparecidos a este sicario, quien dice reconocer a cinco:

- "Este muchacho que ahora sé que se llama Adán Abraján de la Cruz es uno de los chavos que ya llegó muerto al basurero; venía en la [camioneta] Estaquitas con una herida en la cabeza; al pasarlo de la camioneta de tres toneladas y media a la Estaquitas ya estaba frío el cuerpo."
- "Éste que ahora sé que se llama Cutberto Ortiz Ramos, él fue acusado por el muchacho que ahora sé que se llama Jorge Luis González Parral; lo reconozco por ser el más delgado y orejón, quien refería que era *el Cochiloco*, quien iba al frente del grupo de estudiantes y era de los que llevaba tenis, tenía el cabello más largo y se distinguía del resto del grupo." (*El Jona* se equivoca de personaje, porque Cutberto no es *el Cochiloco*, sino Bernardo Flores Alcaraz.)
- "Fue acusado por el muchacho que ahora sé que se llama Miguel Ángel Hernández Martínez de estar coludido con el director de la Normal Rural de Ayotzinapa. Juntos acordaban hacer marchas, infiltrar a los contras [Rojos]. Le gritó al *Cochiloco*: 'tú tienes la culpa de que nosotros estemos aquí'."
- "Este muchacho, Israel Jacinto Lugardo, recuerdo que fue de los últimos que murió. Sólo decía que era estudiante para que no lo mataran."

Un ejemplo de cómo el agente del Ministerio Público puede poner en boca de un declarante lo que conviene a la autoridad, incluyendo un lenguaje florido —más allá de si el contenido y la forma de los testimonios están o no respaldados por la realidad—, es este acto de contrición y arrepentimiento de un sicario que refiere haber estudiado sólo hasta la secundaria técnica, tal como quedó copiado y plasmado en la causa 01/2015-II del Juzgado Tercero de Distrito en Procedimientos Penales Federales de Tamaulipas:

> Acto seguido quiero agregar que yo entré a la organización de Guerreros Unidos porque tomé un mal camino. La ambición y la inmadurez me hicieron presa de esta situación. Yo pensé que con ganar un peso más para mi familia iba a retribuirse [*sic*] la inmensa desintegración familiar que viví. Ahora me doy cuenta de que no es así, que puedo estar la mitad de mi vida en prisión. Quiero colaborar, quiero reivindicarme y que se aclaren las cosas, porque mi intención no fue dañar a la gente: fue un mal paso y asumo las consecuencias; yo sé que tengo que pagar por lo que hice, pero quien lea esto quiero que sepa que quiero colaborar con la autoridad y que esto sea tomado en consideración cuando me juzgue el gobierno.

En estas líneas finales aparece también el intento de recibir beneficios del gobierno por parte de un individuo que confiesa haber quemado a los normalistas, a cambio de decir lo que la autoridad le indique. Es decir, como un testigo incondicional.

O tal vez ya era parte de un trato, porque aunque *el Jona* tenía golpes en el vientre, en las rodillas y en otras zonas del cuerpo, aceptó que sufrió las lesiones cuando fue capturado. Evitó decir si fue torturado en algún momento. Como casi todos los interrogados, dijo haber recibido buen trato de la autoridad: "Me trataron bien y por eso declaré la verdad; me generó confianza decir la verdad", fue su elocuente conclusión.

BAJARON ALGUNOS VIVOS AL BASURERO

Agustín García Reyes *el Cheje* coincide en muchos puntos con lo dicho por *el Jona*. Hay inclusive párrafos idénticos en ambas declaraciones, como cuando bajan a los normalistas de una camioneta de tres toneladas y media junto al basurero y empiezan a interrogarlos y algunos mencionan al *Cochiloco* que estaba allí junto a los demás como quien los había llevado a Iguala y "que los obligaba a hacer cosas que no querían": "*El Cepillo* y/o *el Terco* y *el Pato* le empiezan a preguntar al *Cochiloco* que a qué habían venido y él respondió: 'Que por la esposa de Abarca'. [Dicen ellos que dijo.] Y le preguntaban para qué organización trabajaba". ¿Para los Rojos? ¿Para los Rojos?, le gritaban enardecidos hasta que decidieron dispararle a la cabeza al mismo *Cochiloco* y a otros entre 20 y 25 jóvenes más de los que habían traído a Cocula, a los que ya estaban boca abajo en el piso.

(*El Cheje* no menciona que unos 15 ya venían asfixiados, según había dicho *el Jona*. A no ser que les dispararan a los que ya estaban muertos. Al *Cheje* no le cuadran las cuentas y se olvida de los que supuestamente ya habían fallecido, pero se esfuerza en completar el número que le dictaron.)

A los restantes que quedaron vivos los bajaron caminando hacia el fondo del basurero, siendo que hablamos de otras 20 personas que restaban aproximadamente [eso ya da entre 40 y 45 en total]. Y las bajan *Chequel* [Miguel Ángel Landa], *el Pato*, *el Cepillo* y/o *el Terco*, *el Jona*, *el Pajarraco* [Miguel Miranda Pantoja] y *el Primo* y yo seguía acarreando a la orilla del basurero los cuerpos que estaban sin vida [...] Y me mandan a buscar piedras y leña a mí, al *Bimbo* y a los que estaban arrojando los cuerpos [que no eran los mismos sicarios que presentó la PGR y que inclusive hacían la pantomima de cargarlos y arrojarlos al basurero], por lo que nos pusimos a arrancar las ramas de los árboles y a juntar leña y amontonar piedra que llevamos abajo al basurero. Y cuando llegamos con la leña ya estaban los estudiantes restantes sin vida, ya que a éstos los mataron a golpes con palos; tenían toda la cara y el cuerpo sangrando.

Esa parte de la historia no la contó la PGR, pero está en actas.

Y comenzaron a acomodar muchas piedras en círculo, para enseguida poner la leña dentro del círculo de piedra y empezamos todos a acarrear los cuerpos y los vamos acomodando amontonados y es como *el Cepillo* y/o *el Terco* le echa diesel o gasolina [*sic*] a los cuerpos de los estudiantes, ya que traía un galón como de 20 litros [*sic*] y lo traía lleno y todo se lo acaba. El mismo *Cepillo* prende fuego, con un encendedor, y empieza a arder primeramente la leña y unas botellas de plástico que habían echado y luego los cuerpos [...] y yo sigo juntando botellas, llantas y cualquier plástico para que no se apagara y se siguieran ardiendo los cuerpos, ya que todos estaban relacionados con los Rojos [fue lo que les dijeron] y allí permanecimos cerca de 15 horas.

Al resto de los participantes, que no mencionó *el Cheje*, los enumeró *el Pato*: *la Rana* o *Guereque, Duvalín, Chereje, Narizón, Percy* y *Jimmy*.

Todos obedecían a los jefes de los Guerreros Unidos en las plazas de Cocula e Iguala, que eran *el Cabo* Gil, *el Cepillo* y *la Rana*.

Los testimonios de Sidronio Casarrubias Salgado son delirantes. Sin aportar sitio de la masacre, ejecutores, circunstancias, número de víctimas o agresores, reporta cómo *el Cabo* Gil le envió un pin desde su Blackberry: "Los hicimos polvo y los echamos al agua".

El sicario Marco Antonio Ríos Berber detalló que, cada vez que interrogaban o torturaban a alguna persona, tomaban videos para reportarlo a los jefes. Esas filmaciones con celular no existen —o no han aparecido aún— en el caso de los normalistas, pues la orden para los *halcones* y los sicarios fue tajante: "Quemen los teléfonos".

10

Versión que ignoró la PGR

Otros asesinos, otro lugar, otros métodos, otros declarantes, pero es la misma causa penal 01/2015-II radicada en el Juzgado Tercero Federal de Tamaulipas, y son también idénticos protagonistas e idéntico resultado: sicarios de los Guerreros Unidos matando normalistas.

Lo que a continuación se narrará aquí anula, si es que así se dieron los hechos —dudo, luego insisto—, "la verdad histórica" difundida y defendida por el ya defenestrado procurador Jesús Murillo Karam.

Si el ex titular de la PGR decidió que la versión de la pira infernal para reducir a cenizas a 43 cadáveres en el basurero de Cocula, aunque hubiera llovido esa noche, es la única real, uno tiene derecho a creer que esta nueva versión que se va a contar es la verdadera. Y también es dable escoger un tercer camino y desconfiar de una y otra, falsas ambas, porque la autoridad demostró que se puede fantasear sobre el destino de los 43 normalistas de Ayotzinapa, que muy poco les importa, cuando al final de la historia de lo único que se trata es de proteger la impunidad y el negocio en la zona amapolera guerrerense y sus multimillonarias ganancias.

El testigo Martín Alejandro Macedo Barrero comenzó vendiendo droga en 2013, pero necesitaba más dinero y pidió trabajo de sicario a su jefe *el Choky*, de entre 24 y 25 años, aunque el verdadero capo es *el Abuelo*, un hombre oriundo de Ciudad Altamirano, de unos 72 años y que se traslada en un viejo *vochito* para fingir. También usa huaraches y pantalones raídos para camuflarse, pero de todos modos llama la atención porque usa playeras tipo polo. Otro jefe de este grupo en Iguala es Orbelín Benítez Palacios *el Peque*, distribuidor de droga y dueño de un lavado de coches que lleva su apodo. Se dedican a secuestrar y a cobrar rescates, a extorsionar a comerciantes y a vender drogas al menudeo, además de matar enemigos.

De por lo menos 10 integrantes armados (además están los *halcones* que solamente vigilan para avisar si llega gente extraña o del grupo enemigo los Rojos), solamente estaban detenidos en octubre Martín Macedo y Marco Antonio Ríos Berber *el Amarguras*. Seguían libres *el Tíner, la Mole, el Gabi, Chaki, la Vero, el Chino, el Bogart, la China, Belem, la Mente, Pitufo*, entre los que citaban de memoria Macedo y Ríos Berber.

Según Macedo Barrera, respecto de los estudiantes de la Normal de Maestros,

> llamados ayotzinapos, a los cuales traíamos vigilados gracias a que en las entradas de Iguala tenemos *halcones*, quienes avisaron que habían entrado por lo menos dos camiones, nosotros los ubicamos en la entrada de la terminal de Estrella de Oro [*sic*, no Costa Line], de donde sacaron dos autobuses. Estos sujetos eran muy violentos, iban aventando piedras muy grandes y además traían armas cortas, tipo nueve milímetros y treinta y ocho. [Esto jamás se confirmó; todos los disparos en los autobuses fueron de afuera hacia adentro y no se decomisó una sola pistola o arma larga de normalistas.]
>
> Nuestra función consistía en vigilar que no hicieran relajo. Para esto íbamos a bordo de la camioneta Ram 250 color blanco

cuatro personas: *la Mole, el Tíner, el Amarguras* y yo. Seguíamos de cerca a los camiones y al llegar a la plaza donde estaba un evento, comenzamos a escuchar que aventaban piedras a la gente y hacían disparos, logrando herir a varias personas. [Otra falsedad: no se reportó un solo lesionado allí.]

Mientras tanto, *el Choky* y sus pistoleros

actuaron por el Periférico, siendo apoyados por la policía municipal. Después comenzó el enfrentamiento entre nosotros con los ayotzinapos y salieron huyendo. [Habla de dos tiempos: la balacera cerca de la terminal y una segunda en Juan Álvarez casi esquina con el Periférico Norte.]

Una vez que se comienzan a bajar los estudiantes [no dice de qué autobús], comienzan a correr y logramos asegurar a 17, los cuales subimos a nuestras camionetas [la Ram blanca y una Lobo negra] y los llevamos a la casa de seguridad de La Loma [del Coyote y de allí a Pueblo Viejo], donde los matamos inmediatamente, ya que no se querían someter y, como eran más que nosotros, *Choky* dio la instrucción de que les diéramos piso. [Esto tiene lógica porque los estudiantes, jóvenes, tenían toda la adrenalina en el momento. No hay una narrativa convincente en la versión de Murillo Karam, cuando pone a los sicarios ejecutando uno a uno a los normalistas arriba del basurero de Cocula sin que haya una sola reacción en contra, como si fueran mansos corderos destinados al sacrificio.]

A unos los mataron con tiro de gracia en la cabeza y a otros a golpes, ya que se pusieron muy violentos cuando estaban secuestrados y, para que no estuvieran chingando, se decidió matarlos. Utilizamos la excavadora para enterrarlos en el mismo rancho que tenemos [casa de seguridad donde mantenían a los secuestrados hasta por meses]. A siete de estos muchachos los quemamos por instrucción del *Choky*. Yo participé matando a dos de los ayotzinapos, dándoles un balazo en la cabeza, y no son de los que quemamos: están enteritos.

Esos 17 cuerpos no aparecen, a pesar de la búsqueda por Pueblo Viejo, Loma del Coyote y otros lugares, tanto a cargo de autoridades guerrerenses como por parte de familiares, marinos, Ejército y PGR (ya que, aunque han aparecido más de 100 cadáveres, pertenecen a "los otros desaparecidos", con antigüedades e historias distintas), por lo cual caben varias hipótesis:

- O ésta es una invención de principio a fin, por lo cual se vale pensar que fue inducida por autoridades que investigaban el caso Iguala.
- Si Murillo evitó entrar a dar pormenores de este "asesinato alterno", que él o sus colaboradores por supuesto conocían, entonces se puede desacreditar, también de principio a fin, la historia de la cremación en el basurero de Cocula, por ser también una leyenda, solamente que en boca de un procurador de la República en funciones.

En ninguno de los dos casos hay pruebas físicas que corroboren las confesiones de los sicarios, si se exceptúa el pedazo de hueso entre los restos enviados a la universidad de Innsbruck, en Austria, supuestamente hallados en el río San Juan, donde habrían sido arrojadas bolsas de plástico con cenizas y otros pequeños restos recogidos por los homicidas en el basurero de Cocula, y que habría pertenecido al normalista Alexander Mora Venancio. Hay dudas y sospechas de que pudo haber sido "sembrado", puesto que los expertos forenses argentinos no estaban presentes cuando la PGR abrió una bolsa negra que se afirma fue rescatada en el río.

- Si ambas liquidaciones físicas masivas son fantasiosas, porque no hay evidencia material que avale las confesiones de dos grupos diferentes de sicarios, entonces se fortalece el reclamo de los familiares de los normalistas: "Vivos se los llevaron, vivos los queremos".
- La desaparición forzada de 43 estudiantes de la Normal Isidro Burgos de Ayotzinapa continuará siendo un expediente abierto, tardanza atribuible a la incapacidad del gobierno para dar respuestas coherentes sobre los móviles, las circunstancias y los resultados de ese delito de lesa humanidad en que se convirtió el secuestro de los jóvenes.

A falta de información oficial confiable, creíble y verificable, este libro busca una explicación a tanta saña, tanta persecución, tantas balas disparadas en una sola noche, tantos intentos por causar más muertes y más desapariciones sin que el gobierno exhiba una poderosa razón para explicar de qué manera se lograron desatar los peores demonios de la delincuencia organizada, de la mano de las autoridades instituidas, en una tierra sin ley.

Ríos Berber, *el Amarguras*, cuenta cómo cada interrogatorio, cada tortura o ejecución perpetrada por los Guerreros Unidos quedaba registrada en un celular, porque había que enviar las pruebas a los jefes de que se habían cumplido las órdenes. Eso, extrañamente, no parece haber ocurrido la noche del 26 de septiembre de 2014, por alguna razón que nadie sabe explicar. Si ni *el Cabo* Gil ni Sidronio Casarrubias Salgado estuvieron presentes a la hora de los presuntos asesinatos, tuvieron que recibir pruebas. Es la ley de las mafias. Las fotos y las videograbaciones de la noche negra todavía no aparecen, pero con seguridad existen.

11

Con Fox comenzó la debacle

Si alguien piensa que exagero cuando digo que los tres gobiernos federales más recientes son responsables de lo que pasó en Iguala a los normalistas de Ayotzinapa, sugiero que lea detenidamente lo que sigue.

Son datos reales y documentados, advertencias lanzadas a tiempo que las administraciones de Vicente Fox Quesada, de Felipe Calderón Hinojosa y de Enrique Peña Nieto han ignorado.

Hay que decirlo claro para que no quepa lugar a dudas:

Desde Los Pinos se decidió permitir que México se convirtiera en potencia productora mundial de todo tipo de drogas (mariguana, heroína, metanfetaminas y gran variedad de sintéticas), excepto cocaína, que no ha logrado domesticarse aquí que se sepa, pero que llega a México por varios cientos de toneladas desde Colombia, Perú y Bolivia, principalmente.

La historia de México-gran-productor-comercializador narco comenzó el 28 de noviembre de 2006, faltando un par de días para que concluyera el mandato de Vicente Fox.

Sin explicación alguna a sus propios funcionarios, y menos a la opinión pública, el mandatario decidió que ya no se atacaría por aire a los cultivos ilícitos de mariguana y amapola.

En la práctica su gobierno ya había ido reduciendo los presupuestos y la posibilidad de acción consecuente de aspersión aérea que cumplían aviones y helicópteros de las direcciones de Erradicación y de Servicios Aéreos de la PGR.

Me temo que esa decisión de un presidente que ya se iba a su rancho fue negociada con representantes de los intereses políticos y económicos de los vecinos del norte, pues ni se sometió a discusión en el Congreso ni se legisló para dar pie a discusiones en el ámbito judicial, sino simplemente, de manera administrativa, se ordenó cesar el ataque aéreo a los cultivos ilícitos.

¿Será que ya desde entonces Fox tenía en mente dedicarse a vender *cannabis*, afiliándose al movimiento para la legalización de la mariguana que como gobernante no propició? "Le voy a hacer la competencia al *Chapo*", declaró con su estilo irresponsable y dicharachero, sugiriendo que la droga debería venderse inclusive en las tiendas Oxxo.

Ya saldrá el peine del origen de tan drástico abandono de las fumigaciones en algún cable de Wikileaks, como de pronto nos sorprendió la información desclasificada en agosto pasado, por el sitio electrónico DesMog, de que Hillary Clinton, cuando era titular del Departamento de Estado y tenía a su cargo la política exterior de su país, fue la que armó la reforma energética mexicana para romper el monopolio estatal de más de siete décadas de Pemex y abrir la industria petrolera a inversionistas extranjeros como Exxon, Mobil, Chevron y British Petroleum, algo que concretó Enrique Peña Nieto con su reforma energética. Los "reformadores" cercanos a Hillary se beneficiaron con esta apertura petrolera mexicana, entre ellos el ex embajador Carlos Pascual.

Para que sigamos en la lógica del primer opositor que llegó a ser presidente de la República bajo las siglas del conservador Partido Acción Nacional (PAN), Vicente Fox (quien había dejado la silla presidencial en 2006) estaba sentado en mayo de 2013 en una conferencia de prensa en Seattle, Washington, acompañando al ex gerente de Microsoft, Jamen Shively, donde ambos hablaban de acabar con la violencia, controlar a los criminales y convertir el negocio de las drogas en una actividad transparente "en manos de empresarios". En México, diría su ex presidente, "damos la bienvenida a esta iniciativa, porque el costo de la guerra se está volviendo inaguantable y muy alto para México".

Fox se empeñó, cuando gobernó el país, con un ímpetu digno de mejores causas, en liquidar la fumigación por aire que México venía haciendo desde hacía tres décadas, desde la famosa *Operación Cóndor*, en acciones de cooperación conjunta con Estados Unidos, en el llamado Triángulo Dorado del Norte (donde convergen Sinaloa, Chihuahua y Durango).

Datos de la época ubican a más de 20 mil soldados participando en ese operativo en tierra, mientras desde el aire pilotos de la PGR fumigaban empleando paraquat, un defoliante menos agresivo que el Napalm usado en Vietnam, o el Malatión y otras sustancias, como glifosfatos, que todavía hoy emplea Colombia y a cuyos daños colaterales en cultivos legales se atribuye buena parte del desplazamiento forzado de campesinos.

Había más de 1 500 empleados en las direcciones de Erradicación y de Servicios Aéreos de la PGR, los cuales fueron despedidos y el proceso de su liquidación duró casi dos años, durante los cuales siguieron cobrando un salario y eran obligados a pasar lista todos los días, pero ya sin trabajar.

Las cifras de destrucción de sembradíos de amapola (adormidera o *papaver somniferum*) y mariguana (*cannabis índica*) y las aeronaves empleadas en las épocas previas no mienten. Entre los gobiernos de Vicente Fox y Felipe Calderón se pasó de miles de hectáreas destruidas a cero por fumigación o aspersión aérea. En ceros continúan con Enrique Peña Nieto.

He aquí la estadística oficial:

Año 2000, 11.5 parejas de fumigación (aviones y helicópteros), con superficie destruida de amapola y mariguana de 10349 hectáreas.

2001, 10 parejas de fumigadores con 12437 hectáreas destruidas.

2002, sólo 9.5 parejas pero 12136 hectáreas fumigadas.

2003, 9 parejas y 10883 hectáreas inhabilitadas.

2004, ya solamente ocho parejas con 8290 hectáreas atacadas por aire.

2005, siete parejas para 6870 hectáreas destruidas.

2006, quedaban seis parejas activas, que destruyeron 3167 hectáreas.

2007, cero aeronaves (en diciembre de 2006 fueron transferidos de la PGR a la Sedena 108 helicópteros y aviones) y cero hectáreas fumigadas.

Éstos eran los resultados que reportaban los servicios aéreos en vías de desaparecer de la PGR. Pero como la manipulación de las cifras es una constante en México, en los informes presidenciales no disminuyó la destrucción de plantíos, sobre todo gracias a las estadísticas que aportó la Sedena. A saber:

Destrucción de sembradíos a partir del año 2000, con inhabilitación traducida en hectáreas destruidas y luego el desglose de las sembradas con mariguana y con amapola, respectivamente:

Año	Total	Mariguana	Amapola
2000	46779.3	24505	11822
2001	47851.6	21725	13697
2002	49932.8	23726	14020

Año	Total	Mariguana	Amapola
2003	56619.3	29448	16465
2004	46778.1	25130	13466
2005	52466.1	27710	18810
2006	47051.4	28050	15643

Tengo a la mano un reporte de la Sedena que marca la destrucción de plantíos de amapola de 12434 hectáreas en 2001, 12656 en 2002; hasta 15740 en 2003 y apenas 12516 en 2004.

Ya sabemos que son cifras para el lucimiento. Pero da lo mismo si son estadísticas de informes presidenciales o las contenidas en impresos de propaganda: siempre la destrucción anual supera las 12 mil hectáreas de amapola que Naciones Unidas calcula que, desde hace algunos años, están sembradas en México.

Estimo que pueden ser muchísimas más, porque estamos viviendo, sin que aflore formalmente a la luz, una nueva fiebre del opio y la heroína. En el centro de esta visión de futuro de negocios de organizaciones delincuenciales mexicanas hay una hermosa flor en torno de la cual se tejen fortunas, alianzas inconfesables, complicidad entre políticos y traficantes, adicciones locales y foráneas, violencia armada, homicidios dolosos, extorsiones, cobros de piso, despojos, secuestros y desapariciones forzadas: la amapola.

LA ALERTA DE OBAMA

Es curioso que haya sido el presidente estadounidense Barack Obama quien advirtiera sobre el peligro de que México se haya convertido en el proveedor más importante de heroína para los adictos de la Unión Americana.

Lo hizo Obama, y no algún funcionario de alto, mediano o bajo nivel del gobierno mexicano —a quienes un tema así parece no quitarles el sueño—, el lunes 15 de septiembre de 2014, sugerentemente día de la Independencia de México, cuando faltaban menos de dos semanas para que ocurrieran la masacre de Iguala y la desaparición de los 43 normalistas de Ayotzinapa.

"La DEA [Administración Federal Antidrogas de Estados Unidos] reporta un aumento de 324 por ciento en los decomisos de heroína en la frontera con México de 2009 a 2013", consignó el presidente Obama en el reporte anual que recién envió al Congreso, en la parte donde analiza cuáles son los principales países productores o de tránsito de las drogas hacia su territorio.

"Estados Unidos está particularmente preocupado por el cultivo de amapola en México, ya el principal proveedor de derivados de opio", dice claramente el reporte que llegó al Capitolio. Aunque sigue vendiéndose en calles de Estados Unidos heroína procedente de Colombia y Guatemala, ya son cuatro años en los cuales México es el principal proveedor de esa droga.

Por ello Obama informó a los legisladores que incrementó su estrategia de intercepción de heroína en la frontera de más de 3 100 kilómetros con México. "Ya se invirtieron 110 millones de dólares" entre las agencias federales con presencia en la frontera, "para contener el torrente de heroína mexicana", enfatiza el informe.

México no sólo está produciendo la heroína oscura —*black tar*—, que solía obtener y vender saltándose una etapa del proceso por el cual a la goma de opio primero se le extrae la morfina —los mexicanos sacaban la heroína en directo—, sino que ya sofisticó su elaboración para lograr una purísima heroína de alta calidad y además elevó su productividad para conseguir en menos cantidad de hectáreas toneladas de esa heroína blanca como nieve o azúcar refinada. Llega a precios muy accesibles a Estados Unidos, donde se puede conseguir a mucho menor costo que las metanfetaminas y otras drogas sintéticas.

Según un reportaje del corresponsal de Televisa, Gregorio Meraz, a finales de mayo de 2015, en Estados Unidos se está viviendo "una alarmante epidemia de abuso de heroína", que ya está provocando más de 100 muertes por sobredosis diariamente. El dato está contenido en una Evaluación Nacional sobre la Amenaza de la Heroína, que difundió la DEA.

Charles Rosenberg, administrador de la DEA, reportó que la heroína mexicana llega en grandes cargamentos por la costa oeste hacia casas de seguridad que se han detectado en zonas rurales o en suburbios de grandes ciudades, donde los traficantes pueden operar con más libertad y burlar a algunas de las 3 700 corporaciones policiacas de ese país.

Paradójicamente el mayor grado de pureza de la heroína, ahora más barata que nunca, es un peligro sobre todo para consumidores jóvenes, sin experiencia previa, que no saben calcular sus efectos y que ahora la fuman en vez de inyectarse. Y aun adictos experimentados, que antes sabían calcular los efectos de la droga adulterada con otras sustancias, pueden incurrir en sobredosis. La pureza le da más poder a la heroína, que antes se cortaba demasiadas veces y se le añadían sustancias que la suavizaban.

Autoridades de Salud abastecen de Naxalone, un fármaco que revierte los efectos de la heroína, a centenares de hospitales de toda la Unión Americana "para frenar la oleada de muertes por sobredosis", se dijo.

La distribución de 70 millones de recetas para que estadounidenses pudieran comprar legalmente opiáceos, en vez de controlar el consumo creó masas de adictos de todas las edades y de todos los estratos sociales.

Cuando las recetas no fueron suficientes, comenzaron a dispararse los precios en el mercado negro. Entonces grupos del crimen organizado simplemente inundaron de heroína las calles y la colocaron a precios más bajos que los opiáceos legales. El número de adictos "sube vertiginosamente", advierte la DEA. No hay corporación policial en todo Estados Unidos que no identifique a la heroína como la droga "más preocupante" en la actualidad.

Y allí están los poderosos mafiosos mexicanos liderando el tráfico y la distribución en territorio de Estados Unidos, e incrementando escandalosamente las hectáreas de sembradíos de amapola en Guerrero y en otras zonas de la República, logrando además la producción cada vez más eficiente de goma de opio, morfina y heroína.

Mientras tanto, los gobernantes nadan de a muertito. Hacen como que no ven, no oyen, no saben, aunque les restrieguen la estadística y los datos duros en sus narices.

Ése fue el caso en marzo de 2011, cuando la Junta Internacional de Fiscalización de Estupefacientes (JIFE) presentó su informe en México alertando sobre el incremento de las superficies de amapola en su territorio. Alejandro Poiré, quien era entonces secretario técnico del Consejo de Seguridad, se enojó porque la JIFE tomó las estadísticas de Estados Unidos. "Revisaremos la metodología y las fuentes implementadas", ofreció-amagó, aunque jamás cumplió.

Lo que hizo a Poiré despotricar y mostrar la misma "mecha corta" de su jefe Felipe Calderón (por ese dislate Poiré no fue destituido, sino elevado a secretario de Gobernación), fue que el relator de la propia JIFE, Camilo Uribe, anunciaba que en México se incrementaron los cultivos de amapola entre 4 mil y 5 mil hectáreas más. Eso equivalía a decir que en este país no había las

12 mil que suelen manejarse en la estadística oficial, ni las más de 18 mil que llegó a haber hace un par de lustros, sino más de 20 mil hectáreas de sembradíos de adormidera. Uribe atribuyó ese incremento a un "efecto pelota", después de que en Colombia se redujo drásticamente el cultivo de amapola, que era de unas 7 mil hectáreas en 2002, a unos cuantos cientos de hectáreas en 2010.

Antonio Mazzitelli, representante regional para México y el Caribe, trató de mediar en el diferendo diciendo: "Desafortunadamente México no tiene todavía capacidad tecnológica para producir sus propias estimaciones", por lo que la JIFE tomó las estadísticas de Estados Unidos, que cuenta con información de satélites y otras metodologías.

En esa ocasión se dijo que, durante 2008, había en México 15 mil hectáreas productivas de amapola, "de las cuales 3 mil fueron erradicadas manualmente". Pero ya entonces 90% de la heroína mexicana, se afirmó, tenía como destino Estados Unidos.

Poiré intentó seguir defendiendo la política de Calderón: entre 2006 y 2010 (sacó una tarjeta informativa como apoyo) el gobierno decomisó 16% más heroína que durante los primeros cuatro años de la administración de Vicente Fox. Eran cantidades ridículas frente a la producción y el trasiego: apenas poco más de una tonelada de goma de opio y aún menos cantidad de heroína en un lapso de cuatro años. Tengo estas cifras oficiales:

2000 (todavía con Ernesto Zedillo):

> Goma de opio 469.4 kilos
> Heroína 299.1 kilogramos

Y, respectivamente, en los años posteriores que interesan:

2001: 516.5 y 269.6
2002: 309.9 y 282.7
2003: 198.5 y 306.2
2004: 464.7 y 302.4

Es decir, 16% de incremento en los decomisos que presumía Poiré representaban apenas rasguños a una producción que ya entonces era de varias decenas de toneladas, tanto de goma de opio como de heroína.

Pero además fueron los años de crecimiento territorial, de productividad por hectárea y sofisticación técnica para lograr un producto más puro y rentable.

Fueron los años de la renuncia de Fox y Calderón a seguir fumigando plantíos prohibidos desde el aire.

EL FACTOR MILITAR

Está ampliamente documentado cómo, al llegar a encabezar la PGR, el general Rafael Macedo de la Concha comenzó a entorpecer las tareas de fumigación de amapola y mariguana. Se llegó al grado, inclusive, de enviar el equipo aéreo de la PGR a sitios y momentos en los que nada había que destruir, porque ya se habían cosechado los sembradíos en vastas superficies o porque los cultivos ilícitos florecían en otra región opuesta del país.

Tengo copia de las cartas que enviaron al presidente Vicente Fox, en febrero de 2006, advirtiendo de estas irregularidades, más de 50 pilotos y navegantes, técnicos operativos, coordinadores de bases y de mantenimiento aéreo, subdelegados, con las respectivas firmas y nombres de los denunciantes y acuses de recibo de Los Pinos, la PGR, la Secretaría de la Función Pública y la Agencia Federal de Investigación (AFI).

La Dirección General de Erradicación estaba ordenando hacer "vuelos de reconocimiento" de plantíos ilícitos, "en contra de toda la normatividad vigente, sin la participación de personal técnico especializado, sino únicamente con dos pilotos de procedencia militar en cada avión Cessna, usurpando funciones de navegante".

Al no tener capacitación, se generaban errores, como éstos en enero de 2006 que enumeraban los expertos de la PGR:

- Imprecisión en el registro de la información de plantíos "supuestamente localizados", de tal manera que no se podía validar la supuesta información obtenida durante esos vuelos, "lo que a su vez se traduce en un dispendio de recursos sin justificación alguna".
- Alteración del proceso de registro de la información obtenida en los vuelos, tanto en campo como en gabinete, lo que afectó el control de cargas de trabajo en las bases de operaciones y fallas para la destrucción de los cultivos.
- Alteración de controles y seguimiento institucional para las naves de la PGR, "ya que los vuelos en cuestión se realizan sin reportar un destino ni objetivo específico [...] dando lugar a suspicacias".
- Se programaba el poco equipo aéreo disponible "para realizar vuelos en áreas de baja incidencia en la siembra de cultivos ilícitos, dejando sin atender áreas de muy alta incidencia, de acuerdo a las estadísticas y a la experiencia disponible".

- En los hangares de Culiacán, Guadalajara y Chilpancingo está parada "una gran cantidad de helicópteros inoperativos, muchos de ellos en espera únicamente de refacciones", situación totalmente inentendible, por causa de lo cual, aseguraban pilotos y técnicos, "hemos sido rebasados por los sembradores de plantíos ilícitos".

Con toda la claridad del mundo, los desesperados integrantes de la Dirección General de Erradicación de la PGR le escribieron a Fox: "Durante los meses críticos de la siembra, cultivo y cosecha de plantíos de amapola, de noviembre a febrero, en los estados más productores del norte, como Chihuahua, Durango, Sinaloa y Nayarit, principalmente, no se programaron vuelos de reconocimiento ni de fumigación".

Extrañamente se dio prioridad a la zona sur de la República y se programaron cuatro aeronaves Cessna para vuelos de reconocimiento en Oaxaca, a sabiendas de que en los cinco años recientes no se habían detectado plantíos que justificaran inclusive la asignación de un avión en forma permanente.

Las estrategias permitidas y ordenadas por Macedo de la Concha, y también por su sucesor, Daniel Cabeza de Vaca, eran "para no combatir al narco". Enviaban equipo aéreo a zonas donde no había nada que fumigar y dejaban libres otras que estaban repletas de amapola y *cannabis*, recuerda el capitán piloto que lideraba a los fumigadores, Jerónimo Morales.

Fue una política deliberada, sin explicación alguna. En forma verbal se afirmó que hubo un convenio entre la PGR y la Sedena para proseguir con la erradicación aérea, pero jamás se mostró ese documento. La realidad es que se entregó el parque aéreo de la PGR a la Sedena y se suspendieron todos los vuelos.

Se despidió a todo el personal de dos direcciones de la PGR, pero en los presupuestos autorizados por el Congreso siguieron apareciendo, durante al menos cinco años, cantidades destinadas a jefes y a niveles medios encargados de una fumigación aérea que ya no existía. Es decir, los militares seguían cobrando sin que hubiera actividad alguna en esas dependencias. Además de la ordenada interrupción de los vuelos fumigadores, la corrupción estaba vigente en la PGR.

Tengo copia del oficio del general Guillermo Galván Galván, secretario de la Defensa Nacional, fechado el 12 de diciembre de 2006, dirigido al procurador general de la República, Eduardo Medina Mora, en el que lo cita para la primera reunión de trabajo para hacer la transferencia a la Sedena de las 108 aeronaves de ala fija y rotatoria que poseían las direcciones de Erradicación y de Servicios Aéreos de la PGR.

Señor procurador:

En cumplimiento a las órdenes del C. presidente constitucional de los Estados Unidos Mexicanos, en el sentido de que esta dependencia a mi cargo reciba en transferencia el material aéreo y algunas instalaciones en tierra asignadas actualmente a esa procuraduría a su digno cargo, me permito solicitar designe al personal que estime necesario para formar parte de un comité interinstitucional, con el propósito de determinar las condiciones y términos bajo los cuales se llevaría a cabo la mencionada transferencia.

El 13 de diciembre se reunieron, a las 18:00 horas, los representantes de ambas dependencias, en la Comandancia de la Fuerza Aérea Mexicana, en el Campo Militar Número Uno, para aterrizar el traspaso de las aeronaves.

DESMANTELAMIENTO GRADUAL,
PERO SEGURO

Si se atiende a los números de helicópteros, aviones, bases operativas por todo el país, cantidades de herbicida para asperjar, pilotos y personal contratado en tierra y otros parámetros, uno concluye que se decretó la muerte por inanición del ataque aéreo a los cultivos durante el gobierno de Vicente Fox, hasta el manotazo final del 28 de noviembre de 2006 cuando se impidió que las únicas seis parejas de fumigación todavía operando ya no emprendieran vuelo alguno hacia los sembradíos ilícitos.

Los fumigadores consumieron y lanzaron sobre plantíos de amapola y mariguana 105 286 litros de paraquat (inventado y patentado por la inglesa Imperial Chemical Company) en 2001. Fueron 98 177 en 2002. Ya sólo 89 126 en 2003 y apenas 64 205 en 2004. El quinto año de gobierno de Fox eran solamente 50 970, para terminar 2006 con 29 801 litros.

En el año 2000 la flota aérea de la PGR contaba con 167 aeronaves (66 de ala fija y 101 helicópteros, o de ala rotatoria) y con una disponibilidad diaria para volar de más de 70% que pronto bajó a 60 por ciento.

Seis años después (reporte de septiembre de 2006) contaba con 157 aparatos aéreos, de los cuales 103 ya estaban inoperativos, por falta de reparación, sin refacciones ni mantenimiento en las bases y los hangares de Mexicali (Baja California), Caborca, Santa Ana y Hermosillo (Sonora), Chihuahua y Ciudad Juárez (Chihuahua), Culiacán (Sinaloa), Puerto Vallarta, Guadalajara y Zapopan (Jalisco), Uruapan (Michoacán), Ciudad Altamirano, Chilpancingo y Acapulco (Guerrero), Oaxaca (Oaxaca), Tuxtla Gutiérrez y Tapachula (Chiapas), Ciudad del Carmen (Campeche), Chetumal (Quintana Roo), Cuernavaca (Morelos), Toluca

(Estado de México), Distrito Federal, Monterrey (Nuevo León), Reynosa y Nuevo Laredo (Tamaulipas).

Todavía entonces 54 aeronaves seguían funcionando. Se ignora cuál fue el criterio y los pormenores del convenio para transferir exactamente 108 a la Sedena, con todo y talleres, refacciones y líquido fumigador.

Solamente en la Dirección de Erradicación había casi 1 500 servidores públicos que eran: 240 pilotos, 993 en campaña, 100 de personal de base y 88 en áreas administrativas. Durante dos años casi todos ellos continuaron cobrando sus salarios, sin laborar, porque lucharon legalmente cuando se les quería obligar a aceptar el retiro voluntario.

Al final fueron desaparecidas de la estructura de la PGR las direcciones de Erradicación y de Servicios Aéreos. Un documento elaborado por pilotos, navegantes, mecánicos, trabajadores y empleados despedidos asienta: "La salvaguarda de la soberanía del país, la vigilancia de litorales y fronteras, así como el auxilio a la población en casos de desastre, son el compromiso y labor única de las fuerzas armadas, y no el combate al narcotráfico ni su desempeño como policías", labores que corresponden a cuerpos e instituciones creadas para tal fin en procesos legislativos.

Según el análisis, cuya copia tengo a la mano, los despedidos afirmaban que "el único objetivo que persigue (el Ejército) es lograr el control total y absoluto del narcotráfico, aprovechando la inmunidad de la que gozan estas instituciones, al ser las únicas que jamás son cuestionadas, tanto en su desempeño como Fuerzas Armadas, como en el manejo del presupuesto y mucho menos en el desarrollo de sus actividades".

Tres sucesivos gobiernos jamás esclarecieron el misterio acerca de por qué las aeronaves fumigadoras fueron entregadas al Ejército y, una vez con ellas en su poder, la razón por la cual las fuerzas armadas decidieron ya no atacar sembradíos de mariguana y amapola desde el aire. La destrucción aérea de plantíos ilícitos simple y sencillamente cesó.

Mientras la producción agrícola de alimentos básicos en México ha sido abandonada a su suerte, obligando a gastar miles de millones para importarlos de donde se encuentren, están en plena bonanza las superficies de cultivo de drogas, un jugoso negocio global cuyas ganancias ni siquiera ingresan en los circuitos económicos mexicanos, sino que medran en los terrenos de la especulación financiera internacional.

Epílogo

Por sí solo, el apellido Martínez no sirve mucho para ubicar una identidad. Hay cientos de miles con ese nombre. Pero los teléfonos de este mexicano fueron intervenidos y grabados por la DEA, desde hace más de dos años (2013) y ahora saben que se trata de Arturo Martínez Apaxtla. Tres de sus celulares tenían el prefijo 733 de Iguala, Guerrero. Todas sus comunicaciones tenían que ver con "tías" (autobuses con droga), "niños (paquetes de heroína), "cartera" (clavos o compartimientos secretos), "documentos" (dinero en efectivo), "tickets" (miles de dólares), entre otras claves para operar el trasiego de drogas desde Iguala hasta Chicago.

Con las intervenciones telefónicas los servicios de inteligencia estadounidenses descubrieron una célula de los Guerreros Unidos en Chicago.

Todo comenzó el 21 de agosto de 2013, cuando fue sorprendido un hombre con 200 mil dólares en efectivo en su automóvil, además de que traía 12 kilogramos de heroína y nueve de cocaína. Era distribuidor y cobrador de la droga que operaban Pablo Vega Cuevas, su cuñado Alexander Figueroa y Martínez Apaxtla. El arrestado fue convencido de convertirse en informante de la DEA. Terminó confesando y ofreciendo detalles de la estructura y las operaciones de los Guerreros Unidos en Chicago y sus alrededores.

El GIEI de la CIDH concluyó, después de entrevistarse con agentes de la DEA, que la posible toma de un autobús con un cargamento de droga por parte de los normalistas de Ayotzinapa la noche del 26 de septiembre pudo ser la causa del ataque brutal. El autobús habría contenido una carga de heroína o goma de opio, razón más que suficiente para que policías y sicarios de Iguala y Cocula (eventualmente de Huitzuco) a los estudiantes.

Las investigaciones de la DEA involucraron a otros cinco mexicanos además de Vega, Martínez y Figueroa: Eliseo Betancourt, Wilfredo Flores Santos, Roberto Sánchez, José Rodríguez e Isaías Mandujano, quienes operaban embarques de droga en camiones de pasajeros y en transportes con fruta. Extrañamente y a muchos kilómetros de distancia, la fiscal federal en Illinois, Nicol Kim, podría aportar con sus pesquisas la clave de la desaparición de los 43 normalistas en Iguala.

Eso fue lo que sugirieron los expertos internacionales, cuando ya la hipótesis había sido desarrollada en este libro, que estaba en proceso de edición:

No hay otra explicación posible para tan cruel y prolongada agresión, para tan imperativa obsesión por evitar la salida de algún autobús de Iguala esa noche, que la protección al tráfico de drogas.

Los expertos del GIEI estarán seis meses más trabajando en el caso en México. Como un tipo de contralor de la PGR ya descubrieron, y seguirán haciéndolo, fallas y desviaciones en la investigación oficial. De manera formal se les proporciona información, pero eso no quiere decir que tengan acceso a toda la indagatoria. Un ejemplo claro es que no se les ha permitido interrogar a los militares de Iguala, cuya presencia en varios momentos de la masacre está plenamente probada, y representa uno de los principales obstáculos para esclarecer los hechos.

La acción de los expertos internacionales debería convertir la actual acusación, contra los perpetradores, de "secuestro agravado" a "desaparición forzada", según los estándares de los derechos humanos. Pero las autoridades no aprenden de la historia.

En el caso de las granadas arrojadas en la noche del 15 de septiembre de 2008 en Morelia, Michoacán, se culpó bajo tortura a tres inocentes (Juan Carlos Castro Galeana, Alfredo Rosas Elicea y Julio César Mondragón Mendoza), presuntamente zetas, quienes finalmente están libres, pues los cargos fueron inventados. Nadie fue castigado por esa fabricación de culpables y tampoco se ha esclarecido quién lanzó las granadas que mataron a 8 ciudadanos inocentes y que además lesionaron a más de cien. Ahora los confesos asesinos e incendiarios de los 43 normalistas (*el Jona*, *el Pato* y *el Cheje*) resultan ser albañiles o auxiliares de albañil, según revelaron Anabel Hernández y Steve Fisher en la revista *Proceso*.

Faltando diez días para el primer año de la tragedia de Iguala, el 16 de septiembre la PGR reveló que la Universidad de Innsbruck, Austria, halló "evidencia moderada" de que algunos restos óseos analizados corresponderían al normalista de 20 años Jhosivani Guerrero de la Cruz, pues había "posible coincidencia" con el ADN de la madre. Meses antes se identificó un hueso de Alexander Mora Venancio, que coincidió con muestras tomadas a ambos padres y a dos hermanos. Se anunció que, junto con la colaboración internacional, se seleccionarán más restos entre los 63 mil que la PGR tiene en su poder para enviarlos también a Innsbruck, que solamente analizó 17 muestras óseas.

Estos son los nombres de los otros 41 normalistas cuya aparición con vida han reclamado, durante más de un año, sus familiares en cualquier circunstancia y lugar, en México y en el extranjero:

Abel García Hernández

Abelardo Vázquez Peniten

Adán Abraján de la Cruz

Antonio Santana Maestro

Benjamín Ascencio Bautista

Bernardo Flores Alcaraz

Carlos Iván Ramírez Villarreal

Carlos Lorenzo Hernández Muñoz

César Manuel González Hernández

Christian Alfonso Rodríguez Telumbre

Christian Tomás Colón Garnica

Cutberto Ortiz Ramos

Doriam González Parral

Emiliano Alen Gaspar de la Cruz.

Everardo Rodríguez Bello

Felipe Arnulfo Rosas

Giovanni Galindes Guerrero

Israel Caballero Sánchez

Israel Jacinto Lugardo

Jesús Jovany Rodríguez Tlatempa

Jonas Trujillo González

Jorge Álvarez Nava

Jorge Aníbal Cruz Mendoza

Jorge Antonio Tizapa Legideño

Jorge Luis González Parral

José Ángel Campos Cantor

José Ángel Navarrete González

José Eduardo Bartolo Tlatempa

José Luis Luna Torres

Julio César López Patolzin

Leonel Castro Abarca

Luis Ángel Abarca Carrillo
Luis Ángel Francisco Arzola
Magdaleno Rubén Lauro Villegas
Marcial Pablo Baranda
Marco Antonio Gómez Molina
Martín Getsemany Sánchez García
Mauricio Ortega Valerio
Miguel Ángel Hernández Martínez
Miguel Ángel Mendoza Zacarías
Saúl Bruno García

Además fueron gravemente heridos:

1. Aldo Gutiérrez Solano, estudiante de primer año, originario del municipio de Ayutla de los Libres, Guerrero, por proyectil de arma de fuego en el cráneo. Sigue hospitalizado y en riesgo de fallecer en cualquier momento.

2. Edgar Andrés Vargas, estudiante de tercer año, originario de Oaxaca, fue alcanzado por las balas de los policías ocasionándole una lesión de gravedad en la mandíbula. Su situación todavía es delicada, pese a que fue intervenido quirúrgicamente en dos ocasiones.

3. Fernando Marín Benítez, oriundo de la región de Costa Chica, fue herido de bala en el antebrazo derecho, casi pierde el brazo al sufrir la destrucción de los tendones. Se le reconstruyó la extremidad.

4. Jonathan Maldonado, estudiante de primer año, perdió cuatro dedos de una mano al alcanzarlo los disparos de los policías.

5. Germán Bruno, originario de la región de la montaña fue alcanzado por los disparos de los policías a la altura del tobillo derecho.

Después de las fiestas patrias de 2015 se dio a conocer la captura de Gildardo López Astudillo, apodado *el Gil*, en Taxco, Guerrero. Se le atribuye haber dicho que con los normalistas iban a Iguala sicarios de los Rojos, enemigos de los Guerreros Unidos, por lo que habría recibido órdenes de su jefe Sidronio Casarrubias de liquidarlos. La comunicación entre ambos capos se habría dado por mensajes de texto. En actas ministeriales, Sidronio sostuvo que *el Gil* le reportó luego que nadie iba a encontrar a los estudiantes, pues ya habían sido convertidos en polvo y se habían ido al río.

Guerrero ha sido un estado mártir desde que en el siglo anterior se persiguió ferozmente a guerrilleros (reales y presuntos), a sus parientes, amigos, vecinos, compañeros. La violencia de estado no cesa desde entonces.

Me quedo con las palabras de doña María Araceli Ramos, quien nació y vive en San Juan de las Flores: "¿Por qué yo? ¿Por qué yo he tenido que padecer la desaparición forzada de mi padre en los años setenta y ahora la de mi hijo Cutberto Ortiz Ramos, que desde el día 26 de septiembre fue detenido por la narcopolicía municipal de Iguala?"

Con lágrimas que le corren por las mejillas, doña María se pregunta de qué sirven las instituciones, "la democracia de la que tanto hablan en la radio y la televisión, si todo sigue igual". Si en los años setenta del siglo pasado "cuando no había democracia ni derechos humanos, desaparecieron a mi padre; ahora que supuestamente hay un régimen democrático otra vez desaparecen a mi hijo. ¿Qué ha cambiado?"

Índice onomástico